KB272890

공감을
Design하라

상품 개발과 서비스 기획 불변의 법칙
공감을 디자인하라

제1판 제1쇄 인쇄 2017년 10월 15일
제1판 제1쇄 발행 2017년 10월 27일

지 은 이 이원주　　　　　　　**발 행 인** 조헌성　　　　　　　**발 행 처** (주)미래와경영
I S B N 978-89-6287-181-4 13320　　**정　가** 15,000원
출판등록 2000년 03월 24일 제25100-2006-000040호
주　　소 (08590) 서울특별시 금천구 가산디지털1로 84, 에이스하이엔드타워8차 1106호
전화번호 02) 837-1107　　　　　　　**팩　스** 02) 837-1108
홈페이지 www.fmbook.com　　　　　　**이 메 일** fmbook@naver.com

■좋은 책은 독자와 함께 합니다.
　책을 펴내고 싶은 소중한 경험이나 지식, 아이디어를 이메일 fmbook@naver.com로 보내주세요.
　(주)미래와경영은 언제나 여러분께 열려 있습니다.

상품 개발과 서비스 기획 불변의 법칙

공감을 디자인하라

이원주 지음

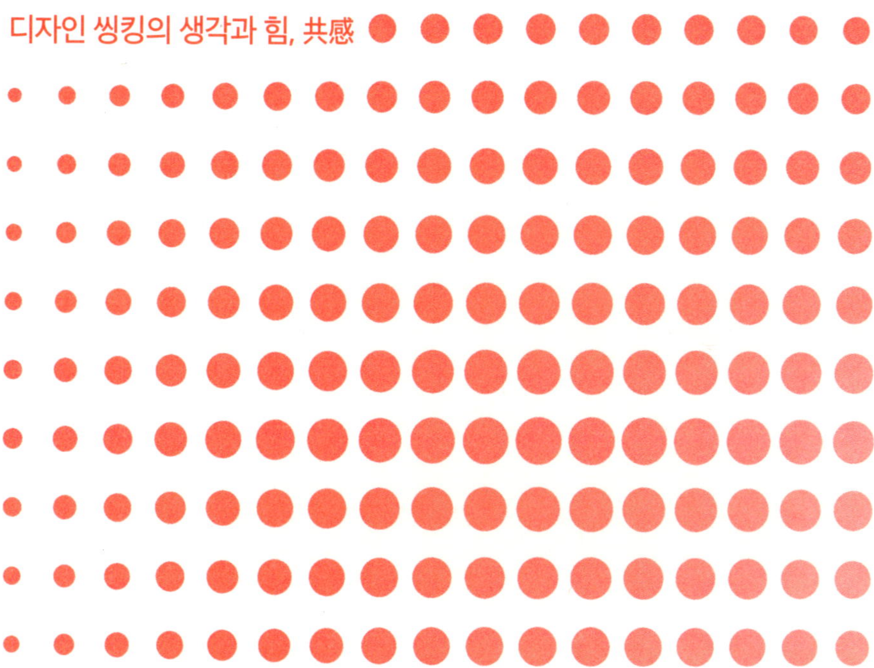

'PC가 발명된 이후 가장 놀라운 제품', '혁신적인 제품'

위의 말은 어떤 제품에 대해 한 찬사일까? '세그웨이^{Segway}가 처음 공개되었을 때 들었던 말이다. 세그웨이는 2001년 발명가 딘 카멘^{Dean Kamen}이 만든 전동 휠로, 제품이 공개되었을 때 애플의 스티브 잡스^{Steve Jobs}는 "PC가 발명된 이후 가장 놀라운 제품"이라는 평가를 하였고, 아마존의 제프 베조스^{Jeffrey Preston Bezos}는 혁신적인 제품이라는 찬사를 하였다. 세그웨이는 당연히 이들로부터 투자를 받았으며, 또한 벤처 투자계의 전설 존 도어^{John Doerr}는 8억 달러라는 엄청난 금액을 투자하였다.

엄청난 찬사를 받았을 뿐 아니라 넉넉한 자금까지 투자를 받았던 세그웨이는 성공했을까? 불행히도 성공하지 못했다. 당연히 성공할 것이라는 시장의 기대와는 달리 완전히 실패하고 말았다. 출시 후 6년간 겨우 3만여 대 정도를 판매하였으며, 미국 시사 주간지 타임^{Time}으로부터 '지난 10년간 가장 쓸모없는 발명품'이라는 오명을 듣기까지 하였다. 세상에 공개되었을 때의 엄청난 관심, 다른 제품은 상상하지 못할 정도의 엄청난 투자 금액 등 실패하려고 해도 할 수 없을 정도의 성공 요인을 가지고 있었으면서도 성공하지 못한 이유는 무엇일까?

성공하지 못한 가장 큰 이유는 소비자들이 세그웨이의 사용 필요성에 공감하지 못했기 때문이다. 소비자들이 상품을 구매하고 사용하기 위해서는 상품이 제공하는 효용(가치)에 공감하거나 사용 필요성을 느껴야 한다. 다시 말해, 소비자는 상품을 사용하여 자신이 겪고 있는 어려움을 해결할 수 있거나 욕구^{Needs}를 충족시킬 수 있어야 구매를 하게 된다.

만약 여러분이 '케첩 뿌려주는 기계'에 대한 광고를 보았거나 또는 누군가 여러분에게 구매를 권유하고 있다고 가정해 보자. 여러분은 구매를 할까? 여러분은 어떤 생각을 하게 될까? '쓸모가 있겠는데', '케첩 뿌려 먹기가 힘들었는데, 이제 힘 안들이고 할 수 있겠어' 등과 같은 생각보다는 '재미있는 상품이네' 정도를 생각할 것이다. 케첩을 뿌려 먹는 일이 그리 힘든 일도 아니고, 매일 발생하는 번거로운 일도 아니기 때문에 '케첩 뿌려주는 기계'의 사용 필요성, 또는 케첩을 뿌리는 번거로움을 제거해 주는 상품의 효용

(가치)에 대해 공감을 전혀 하지 못하고, 구매 필요성도 느끼지 못할 것이다.

이와 같이 소비자들은 언제, 어떤 용도로 사용해야 하는지, 사용하면 무엇이 좋은지 등과 같은 사용 가치 및 사용 필요성에 공감해야 구매를 하게 된다. 그러나 안타깝게도 세그웨이는 사용 필요성 및 사용 가치에 대해 소비자와 공감을 이루지 못했고, 결국 초기의 관심이 구매로 이어지지 못해 실패하게 되었다. 세그웨이의 실패 요인에 대해서는 Chapter 01에서 좀 더 자세히 살펴볼 것이다.

우리는 매일 새롭게 나오는 수많은 상품과 서비스를 접하지만, 이 중 경쟁에서 살아남아 구매 및 사용으로 이어지는 상품, 서비스는 극소수에 불과하다. 왜 대다수의 상품과 서비스가 살아남지 못하고 소비자들의 외면을 받는 걸까?

많은 사람이 다른 상품과 차별화되지 않아서 또는 혁신적이지 않아서 성공하지 못한다고 생각한다. 정말 그럴까? 다른 상품과 차별화되지 못해서 또는 상품이 혁신적이지 않기 때문에 경쟁에서 살아남지 못할까? 그렇지 않다. 세그웨이는 제품이 공개될 당시만 해도 누구도 생각하지 못한 혁신적인 상품이었음에도 불구하고 성공하지 못했다. 혁신 또는 차별화가 성공을 보장하지는 않는다. 그럼 무엇이 성공을 보장할까?

세그웨이 사례에서 보았듯이 상품의 사용 필요성 또는 사용에 따른 혜택(가치) 등에 대해 소비자가 공감하지 못하면 그 어떤 기술도, 엄청난 자금도, 출시 초기의 찬사도 성공을 보장하지는 못한다. 성공은 소비자의 공감 여부에 달려 있다. 사용 필요성을 느끼지도 못하고, 사용으로 얻는 혜택(가치) 또한 느껴지지 않는데 구매를 할 소비자가 있을 리 없다. 따라서 성공하기 위해서는 소비자들이 상품의 사용 필요성 및 사용 가치를 느낄 수 있도록 해야 한다.

소비자가 상품이 전달하는 사용 필요성 및 사용 가치를 충분히 느낄 수 있도록 하는 것이 바로 '공감 형성'이며 이는 시장에서 성공하기 위한 필수조건이다. 따라서 시장에서 성공하기 위해서는 차별화, 혁신보다 공감 형성이 가장 기본이 되어야 한다. 단순한 차별화, 혁신보다는 '공감 가는 차별화', '공감 가는 혁신'이 되어야 성공할 수 있다. Chapter 01과 Chapter 02에서는 왜 공감 형성이 중요한지 상품 개발, 서비스 제공 및 마케팅 활동 측면에서 설명하였다.

'공감 형성'이란 무엇이고 어떻게 해야 할까? 공감 형성이란 소비자들이 수용할 수 있는 상품을 만들고 사용 필요성 또는 사용 혜택(가치)을 소비자들이 느낄 수 있도록 해주는 것으로, 소비자들이 해결하지 못한 문제 또는 가장 필요로 하는 것을 찾아 해결 방안을 제공했을 때 형성될 수 있다. 공감 형성은 아래의 그림과 같이 [사람 이해하기], [문제 파악하기], [해결책 만들기]의 공감 프로세스^{Process}를 통해 이루어진다. 공감 형성을 위한 각 과정에 대해서는 Chapter 03부터 Chapter 07에서 상세히 살펴볼 것이다.

<공감 프로세스 & 공감 도구>

공감 프로세스의 첫 번째 단계는 [사람 이해하기]다. 사람을 이해한다는 것은 사람들의 아픔, 어려움 등을 파악해야 한다는 뜻이다. Chapter 03과 Chapter 04의 [사람 이해하기]에서는 소비자들을 이해하기 위한 관찰, 경험, 질문 등의 방법에 대해 설명하였다. 이를 통해 사람들이 느끼는 불편, 충족되지 않은 욕구, 고유의 특성 등을 알 수 있게 되며, 그들의 행동변화를 이끌어내기 위해 필요한 것들이 무엇인지 파악할 수 있게 된다.

두 번째 단계는 [문제 파악하기]다. 이 단계에서는 [사람 이해하기]에서 찾아낸 사실들을 기반으로 사람들이 해결하고자 하는 진짜 문제를 찾아야 한다. Chapter 05의 [문제 파악하기]에서는 소비자들이 겪는 어려움, 필요 등을 기반으로 그들이 해결하고 자 하는 진짜 문제를 찾아낼 수 있는 분석과 융합 방법에 대해 설명하였다. 이를 통해 소비자들의 잘 드러나지 않는 숨겨진 욕구를 찾을 수 있고, 소비자들의 아픔, 어려움을 좀 더 잘 이해할 수 있게 된다.

세 번째 단계는 [해결책 만들기]다. 사람들이 해결하고자 하는 진짜 문제를 찾았으면, 적합한 해결 방안을 제시해야 한다. Chapter 06과 Chapter 07의 [해결책 만들기]에서는 문제 해결을 위한 창의적 아이디어 Creative Idea 도출 방법 및 문제 해결 방안의 적합성에 대해 검증하는 방법에 대해 설명하였다.

여러분 중에는 이미 실패를 경험한 분도 있고, 현재 성공을 거두지 못해 답답한 분도 있을 것이다. 여러분이 노력을 하지 않았거나, 게을러서 성공하지 못한 것이 아니다. 다만 여러분은 성공 원리인 공감에 대해서 알지 못했을 뿐이다. 앞으로 설명할 공감 프로세스 및 공감 도구를 통해 소비자들과 충분한 공감을 이루어 내고 시장에서 성공하기를 바란다. 또한 공감 프로세스 및 공감 도구는 상품, 서비스 개발 외에도 인적 네트워크 형성 및 자녀와의 관계 개선 등에 적용할 수 있는 방법으로 Chapter 08에서 적용 가능한 다양한 영역에 대해 설명하였다. 이를 숙지하고 충분히 연습한다면 다양한 영역에서 활용할 수 있을 것이다.

이 책이 세상에 나올 수 있도록 도움을 주신 여러분께 감사드린다. 일상생활에서 소비자와의 '공감 형성'을 통해 성공을 거둔 다양한 사례를 알려주고, 제일 먼저 원고를 읽어보고 초고에 대한 조언을 아끼지 않은 아내 조경희, 책을 쓰는 동안 불편한 점들을 묵묵히 참고 견뎌준 도형, 관형 두 아들에게 고마움을 전한다. 끝으로 '공감을 디자인하라'가 세상의 빛을 볼 수 있도록 출판을 허락해 주신 '미래와경영' 조헌성 대표님께 감사드린다.

저자 이원주

Contents

PART 01

첫 번째 질문

"왜 공감이 필요한가?"

성공하는 이유,
실패하는 이유

H 정형외과의 비밀

집 주변 동네 병원 중 항상 환자들로 붐비는 H 정형외과가 있다. 진료를 받으려면 평일이건 주말이건 가리지 않고 기본적으로 2시간 정도를 기다려야 한다. 주변에 정형외과가 한 곳만 있는 것도 아닌데 유독 그곳만 기다리는 사람들로 가득하다. 더 큰 병원도 있지만 H 정형외과만 유달리 사람이 많다. 왜 H 정형외과에만 환자가 많은 것일까? H 정형외과가 개원하기 전에도 다른 정형외과가 있었고 그리 환자가 많지 않았다고 하니 병원의 위치 때문이거나 또는 정형외과라는 진료과목의 특수성 때문은 아닌 것 같다. 그럼 무엇 때문에 환자가 많이 몰리는 것일까? H 정형외과만이 가진 특별한 비밀이 있는 것일까?

　　H 정형외과는 내가 다리가 붓고 아프다고 하니 아내가 잘한다는 이야기를 듣고 진료를 받아보라고 권한 곳이다. 사람이 많으니 일찍 가는 것이 좋을 것 같다는 이야기를 아내로부터 듣기도 했고, 병원에서 진료 순서를 기다리는 것만큼 따분한 것이 없다는 생각에 사람들이 붐비지 않는 시간에 병원에 갔다. 진료 시작 전인 9시가 조금 되지 않아서 병원에 도착했다. 조금 일찍 왔으니 바로 접수를 하면 기다리지 않고 진료를 받을 수 있을 거라는 기대를 했지만, 나의 생각은 완전히 틀리고 말았다. 대부분 동네 병·의원인 1차 진료기관의 경우 진료 시작 전에 접수하면 거의 기다리지 않고 진료를 받을 수 있다. 그런데 H 정형외과 대기실에는 이미 많은 사람이 자리를 잡고 있었다.

　　병원에서 진료 접수할 때 제일 먼저 듣는 소리는 무엇인가? 아마 대부분 "처음이신가요?" 또는 "성함이 어떻게 되세요." 등일 것이다. 하지만 H 정형외과에서 내가 처음 들었던 이야기는 "2시간 기다리셔야 하는데, 괜찮으신가요?"이었다. 2시간을 기다려야 한다는 이야기를 듣는 순간 '대학 병원도 아니고 무슨 동네 병원에서 2시간을 기다려야 하지, 다른 병원에 갈까?', '9시에 왔는데도 2시간을 기다려야 한다면, 도대체 언제 와야 하는 거지?'라는 생각이 들면서도 한편으로는 '도대체 무엇 때문에 사람이 이렇게 많을 걸까?'라는 궁금증이 생겼다.

어떻게 해야 할지 결정하지 못하고 머뭇거리고 있는 동안 계속해서 사람들이 접수를 하고 있는 것이 보였다. 그들도 분명 2시간을 기다려야 한다는 것을 들었을 것인데도 말이다. 아무것도 하지 않고 2시간을 기다려야 한다는 것이 무엇보다도 짜증이 났지만, 많은 사람이 2시간을 기다리면서 진료를 받으려고 하는 이유가 무엇인지 궁금했다. 치료를 정말 잘해서인지, 아니면 다른 병원과 다른 무엇이 있는 것인지 궁금했다. 주변에 정형외과가 한 곳만 있는 것도 아니고, 더 큰 병원도 있어 굳이 H 정형외과만을 고집할 필요가 없음에도 2시간을 기다리는 것이 이해가 되지 않았다. 또한 공감 크리에이터Creator로서 의무감도 작동을 했다. 사람에 대한 이해를 기반으로 한 상품을 개발하고 사람들과 공감을 형성하고자 하는 공감 크리에이터로서 사람들이 왜 2시간을 기다리려고 하는지 꼭 확인을 해봐야겠다는 생각이 들었다.

거의 두 시간의 기다림 끝에 진료를 받으면서 사람들이 왜 H 정형외과를 고집하는지 이유를 알 수 있었다. 진료실에 들어선 순간부터 여타 다른 병·의원과는 다른 새로운 경험을 하게 되었다. 진료실에 들어갔을 때 제일 먼저 보게 된 것은 일어나서 인사를 하는 의사의 모습이었다. 의자에 앉아서 컴퓨터 화면을 보며 환자를 기다리는 의사의 모습이 다른 병원에서 흔히 볼 수 있는 장면이다. 하지만 H 정형외과에서는 "○○님 어서 오세요, 이리로 앉

으세요. 어디가 불편하신가요?”라는 따뜻한 말과 함께 자리에서 일어나서 인사하는 모습을 볼 수 있었다.

진료가 진행되면서 더욱 놀라운 일을 경험했다. 아픈 곳에 대해 설명하는 동안 의사는 가만히 듣고만 있는 것이 아니라 “그러셨어요”, “아이쿠 저런”, “많이 아프셨겠는데요.” 등 마치 나의 아픔을 같이 느끼고 있다는 듯이 맞장구를 쳐주었다. 설명을 다 들은 후에는 예상되는 병명, 증상이 나타나게 된 원인, 향후 치료 방법 등에 대해서 차분히 설명을 해주었다.

성공의 특별한 비결이 느껴지는가? H 정형외과가 가진 특별한 성공의 비밀은 다름 아닌 환자와의 ‘공감’이다. 공감이란 상대방의 아픔 또는 어려움을 함께 느끼는 것이다. H 정형외과에서는 맞장구를 통해 충분히 환자의 의견을 경청하고 있으며, 환자와 같이 아픔을 느끼고 있음을 보여준다. 또한 쉽게 이해가 되는 치료 방법 설명을 통해 충분히 환자를 배려하고 있다는 것을 알 수 있도록 해준다. 자신의 아픔을 충분히 이해하고 자신의 입장에서 진료를 하는 병원을 거부하는 환자는 아마 없을 것이다.

병원에 가는 사람들, 환자나 보호자들이 병원에 바라는 것은 단순히 치료만이 아니다. 물론 병원은 기본적으로 치료를 잘해야 한다. 다른 모든 것이 아무리 좋아도 치료를 잘하지 못한다면 그 병원은 존재할 이유가 없다. 따라서 치료를 잘한다는 것은 기본적으로 제공해야 할 서비스이지, 환자들에게 특별함 또는 차별로 내세울 만한 것은 아니다. 과거 병원이 많지 않던 시절에는 치료를 받을 수 있다는 것만으로 만족할 수 있었지만, 병원 진료가 동네 편의점 가듯 쉬워진 지금에는 소비자들은 단순 치료만으로는 만족하지 않는다. 희소성이 높은 상품, 서비스는 구매할 수 있는 것만으로도 만족하지만, 어디서나 쉽게 구할 수 있는 상품에 대해서는 이것저것 따져보고 구매를 결정하는 것과 마찬가지다. 병원 진료도 결국 서비스이다. 따라서 단순 치료 외에 차별화된 그 무엇을 제공해야 소비자를 만족시킬 수 있다. 물론 외딴섬이나 오지와 같이 병원 진료가 어려운 곳에서는 의사들의 진료와 치료만으로도 충분한 만족을 줄 수 있다.

단순한 치료가 아니라면 환자나 보호자들이 바라는 것은 무엇일까? 그들이 바라는 것은 아프지 않게, 좀 더 편하게 치료를 받는 것이다. 여러분이 병원에 진료 받으러 갔을 때를 생각해 보자. 조금 덜 아픈 주사, 조금 더 친절한 설명, 안내 등을 원하지 않는가? 대부분의 환자가 바라는 것은 조금 덜 고통스럽고, 조금 덜 불편하며, 조금 더 쉬운 치료 방법, 더 나아가서는 이해하기 쉬운 설명 등이다. 다시 말해 환자들은 불편함을 느끼지 않고 치료 받을 수 있기를 바란다. 따라서 환자를 진정으로 만족시키기 위해서는 환자 입장에서 그들이 느낄 수 있는 불편함을 파악하고 해결해 주어야 한다.

　　얼마 전 TV 드라마에서 배우가 보여준 현실 간호사 연기가 인기를 끈 적이 있다. 그 드라마를 보면서 배우의 무표정한 얼굴과 대사 때문에 한참을 웃었던 기억이 있다. 약간 과장된 부분이 있어 보였지만, 흔히 말하는 타성에 젖은 영혼 없는 멘트가 현실과 흡사했다. 예를 들어, 감정이 전혀 들어가 있지 않는 무표정한 얼굴로 "따끔합니다. 따끔!" 하면서 엉덩이 주사를 놓는 연기는 마치 현실 같았다. 모든 병원이 이런 사무적인 태도를 보이지는 않지만 아마 많은 병원에서 실제로 볼 수 있는 모습일 것이다.

　　H 정형외과는 TV 드라마와 다르게 전혀 사무적이지 않으며, "그러셨어요? 아이쿠 저런~" 등 맞장구에서 진심으로 환자를 걱정하는 의사의 마음을 느낄 수가 있다. 뿐만 아니라, H 정형외과는 좀 더 이해하기 쉬운 말로 설명을 해주며, 따로 요청을 하지 않아도 필요한 경우 2차 또는 3차 진료기관의 진료 예약을 직접 잡아 주기도 한다. H 정형외과는 한마디로 환자가 궁금해 하는 것이 무엇인지, 어려움 점이 무엇인지 등을 미리 파악하고 철저히 환자 입장에서 진료 서비스를 제공하고 있다.

　　이제 사람들이 왜 H 정형외과만을 고집하는지, H 정형외과의 성공의 비밀이 무엇인지 정확히 알게 되었을 것이다. 성공 비결은 바로 공감에 있다. 환자와의 공감이 H 정형외과가 성장하는 원동력인 것이다. 앞서 언급했듯이 단순히 치료만으로는 더 이상 환자들을 만족시키지 못한다. 환자들은 단순 치료보다는 환자 입장에서 환자를 바라보고, 환자의 아픔을 함께하며 치료 방법을 함께 고민해 주기를 바란다.

선택할 수 있는 병원이 다양해지고 많아졌기 때문에 소비자(병원도 의료 서비스를 제공하는 곳이라는 관점에서 환자는 소비자임)는 여러 선택지 중 자신의 필요를 가장 잘 채워줄 수 있는 곳을 선택하게 된다. 환자와 공감을 하는 병원, 즉 환자 입장에서 배려하고 치료를 하는 병원과 사무적인 태도로 환자의 설명을 듣고 예상되는 병명을 말해주며 약 처방만 해주는 병원 중에서 여러분은 어떤 병원을 선택하겠는가? 당연히 환자와 공감을 하는 병원을 선택할 것이다.

메시지만 바꾸었을 뿐인데

'햇반'이라는 이름을 들으면 무엇이 가장 먼저 떠오르는가? 필자는 밥 지을 시간이 없을 때 활용할 수 있는 '편리함'이 가장 먼저 떠오른다. 햇반은 일일이 쌀을 씻고 불려서 밥을 짓지 않아도 되는 즉석밥의 대표주자로 CJ의 브랜드이다. '포스트잇'과 같이 브랜드명이 상품 카테고리를 대표하는 보통명사가 될 정도로 소비자들 머릿속에 강하게 자리 잡고 있는 브랜드이다.

햇반은 1996년 출시 이후 누적 매출 1조 1,400억 원, 2016년 매출 1,600억 원으로 성공한 상품이다. 그런데 햇반이 처음부터 성공을 거두었던 것은 아니다. 출시 후 상품 컨셉을 바꾸기 전까지는 고전을 면치 못했다. 여성의 사회 진출 증가, 여가 활동의 확대 등 당시의 사회적 변화와 맞물려 즉석밥의 성공을 기대했지만, 출시 후 3년 동안 약 125억 원의 미미한 매출을 기록할 정도로 판매가 부진했다.

'햇반'이 시장에 처음 출시되었을 때 소비자에게 전달된 상품가치는 '편리함'이었다. 쌀을 씻어서 밥을 짓는 수고 없이 한 끼를 해결한다는 '편리함'이 햇반이 처음으로 제안한 상품가치다. 상품가치란 상품을 사용하고 얻을 수 있는 혜택을 의미하는 말로, 사용 가치Value라고도 한다. 햇반은 편리함이라는 상품가치 및 즉석밥의 사용 필요성을 소비자에게 인식시키기 위해 '전자레인지에 2분' 등과 같은 간편함을 기반으로 한 TV 광고 등의 마케팅 활동을 시행하였다. 그 결과, 시간이 없거나 또는 밥 지을 상황이 되지 않았을 때 간편하게 한 끼 식사를 해결할 수 있다는 즉석밥의 필요성에 대해서는 어느 정도 공감을 이끌어 낼 수 있었다. 그러나 즉석밥의 사용 필요성에 대한 소비자들의 수긍과 공감이 매출로 연결되지는 않았다. 무엇이 부족해서 사용 필요성이 매출로 이어지지 못했을까?

상품이나 서비스의 구매가 일어나기 위해서는 사용 필요성뿐만 아니라 사용 가치에 대해서도 공감이 형성되어야 한다. 예를 들어 화학조미료의 경우를 보자. 화학조미료가 음식 맛을 낼 수 있게 도와준다는 사실에 대해서는 다들 인정하지만, 화학조미료 사용을 통해 얻을 수 있는 사용 가치에 대해서는 공감하지 않는다. 그래서 화학조미료를 구매할 때 망설이는 것이다. 이와 같이 사용 필요성에는 공감을 하지만, 사용 가치에는 공감하지 못할 경우 구매가 이루어지지 않는다. 햇반의 편리함이라는 사용 가치는 가족에게 따뜻한 밥을 손수 지어주어야 한다는 당시의 사회·문화적 규범과 충돌하였고, 당연한 결과로 매출이 저조할 수밖에 없었다.

햇반이 출시되었을 당시의 사회·문화적 규범은 지금과 사뭇 달랐다. 햇반이 출시된 1990년대 후반에는 일하는 여성이라 하더라도 집안일을 소홀히 해서는 안 된다는 사회·문화적 규범이 존재했다. 따라서 햇반의 밥을 하지 않아도 된다는 편리함이 알게 모르게 주부들에게 미안함과 죄책감을 들게 했다. 다시 말해, 가족에게 따뜻한 밥을 지어주어야 한다는 당시의 규범과 밥을 짓지 않고 전자레인지로 해결할 수 있다는 햇반의 편리함이 충돌한 것이다. 이와 같은 문화적 규범과 사용 가치의 충돌은 햇반의 구매를 망설이게 만들었고, 필연적으로 햇반의 매출은 저조할 수밖에 없었다.

CJ는 2001년부터 '밥보다 맛있는 밥'으로 햇반의 컨셉을 변경한다. 밥을 지을 시간이 없어서 햇반을 먹는 것이 아니라 맛이 있어서 먹는 밥이 된 것이다. '맛있는 밥' 컨셉은 주부들의 미안함과 죄책감을 덜어 주었고, 햇반의 사용 가치에 대해 주부들의 충분한 공감을 이끌어 내게 된다. 햇반은 이후 폭발적인 성장을 하게 된다. 결국 CJ는 '맛있는 밥' 컨셉 변경을 통해 즉석밥의 사용 필요성과 사용 가치에 대한 소비자의 공감을 이끌어 낼 수 있었다.

<햇반 TV 광고>

햇반의 사례에서 본 것과 같이 상품 컨셉을 어떻게 결정하느냐에 따라 상품의 성공 여부가 결정된다. 상품 컨셉이란 소비자에게 제안되는 상품가치로 상품 사용을 통해 소비자가 얻을 수 있는 혜택을 의미한다. 햇반이 '맛있는 밥'으로 컨셉을 변경한 후에 매출이 성장한 것처럼, 사용 가치가 소비자와 공감을 이룰 경우에는 구매가 일어나지만, 공감을 이루지 못한 경우에는 구매가 발생하지 않는다. 따라서 상품을 만들 때는 사용 필요성 및 사용 가치의 공감 가능성에 대해 충분히 검토해야 한다. 상품 컨셉이 사회·문화적 규범과 충돌이 발생하지 않는지, 소비자의 행동 패턴에 반하지는 않는지 등을 면밀히 확인할 필요가 있다.

왜 Creative한 Idea는 실패하는가?

　　'뉴턴 메시지 패드', '세그웨이', '구글 글래스' 이들의 공통점은 무엇일까? '혁신적인 제품', '창의적인 제품' 모두 맞는 말이다. 좀 더 명확히 표현을 해 보면 혁신적이었지만 성공하지 못한 제품이다. 세 가지 제품은 모두 세상에 공개되었을 때 혁신적인 제품으로 찬사를 받았고, 생활을 편리하게 해줄 것이라는 기대를 받았지만, 정작 시장에서는 성공하지 못한 제품들이다. 좀 더 상세히 알아보자.

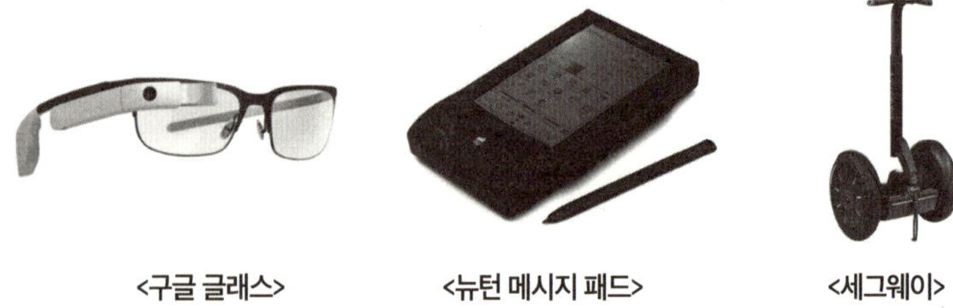

<구글 글래스>　　　　<뉴턴 메시지 패드>　　　　<세그웨이>

　　‘구글 글래스’는 안경 형태의 스마트 기기로 별도의 장비 없이 안경 착용만으로 검색, 사진 촬영, 메시지 전송, 동영상 전송, 전화 등이 가능하다. 2012년 공개되었을 때 미래의 모습을 바꿀 혁신적인 기술로 극찬을 받았으며 미국 시사 주간지 타임Time은 ‘2012년 최고의 발명품’으로 선정하였다. 사람들은 별도의 스마트폰 없이 통화, 메시지 전송, 검색 및 사진 촬영 등이 가능하다는 사실에 구글 글래스에 열광하였으며, 생활을 한층 더 편리하게 해줄 것으로 기대하였다. 구글 글래스는 몇 번의 테스트를 거쳐 2014년에 시장에 출시되었지만, 소수의 마니아를 제외한 대다수의 소비자로부터 외면을 받았고, 결국 2015년에 판매가 중단되었다.

　　‘뉴턴 메시지 패드’는 1993년 애플에서 최초로 출시한 개인정보 단말기PDA로 일정관리, 메모, 팩스, 필기 입력 등이 가능하고, 특정 단어 선택, 자동 오타 수정 등이 가능한 매우 혁신적인 제품으로, 스마트폰 및 PDA가 개념이 명확히 정립되지 않았던 시기에 출시된 스마트폰의 원형으로 볼 수 있다. 하지만 뉴턴 메시지 패드가 출시되었을 때 소비자들은 PDA의 가치 및 필요성을 전혀 느끼지 못하였고 이에 판매가 극히 부진하여 결국 1998년 판매가 중단되었다.

　　‘세그웨이’는 2001년 발명가 딘 카멘Dean Kamen이 만든 전동 휠로 제품이 공개되었을 때 'PC가 발명된 이후 가장 놀라운 제품', '혁신적인 제품'이라는 찬사를 받았으며, 많은 사람으로부터 출퇴근 모습을 바꿀 것이라는 기대를 받았다. 그러나 2001년 출시 후 6년간 겨우 3만여 대만 판매되었으며, 결국 2015년 중국 기업 '나인봇'에 인수되었다.

위의 세 가지 제품, '구글 글래스', '뉴턴 메시지 패드', '세그웨이'는 모두 세상에 없던 창의적^{Creative}이며, 혁신적인 제품들이었지만 소비자들에게 외면을 받았다. 선도적 기술, 출시 초기 시장의 엄청난 관심, 다수 언론의 조명, 두터운 마니아층을 형성하고 있는 브랜드 등 성공하지 못할 이유가 전혀 없는데도 불구하고 성공하지 못했다. 무엇이 부족해서 성공하지 못했을까? 혁신적이었음에도 불구하고 소비자들에게 외면 받은 이유는 무엇일까?

'구글 글래스'가 성공하지 못한 이유는 상품의 사용 가치에 소비자가 공감을 하지 못했기 때문이다. 햇반의 사례에서 본 것처럼 구매가 이루어지기 위해서는 소비자가 상품의 사용 필요성 및 사용 가치에 공감을 해야 하지만, 구글 글래스는 사용에 따른 혜택보다 사생활 노출 등 부정적 요인 등이 구매에 더 크게 영향을 미쳤다.

구글 글래스는 별도의 장비 없이 통화, 검색 및 사진 촬영이 가능한 기기이다. 윙크만으로도 사진을 촬영할 수 있으며 눈으로 보고 있는 현실을 그대로 인터넷으로 공유까지 할 수 있어 추가적인 행동 없이 촬영, 저장 및 공유가 가능해진다. 손을 사용하지 않고, 사진, 동영상을 촬영하고, 통화, 검색 등을 할 수 있다는 것은 여러 가지 일을 동시에 할 수 있다는 의미로 사람들의 각종 스마트 기기 사용 행태를 바꿀 수 있을 정도로 혁신적이다. 구글 글래스를 사용하면 달리면서도 눈으로 보는 모든 것을 촬영할 수 있고, 심지어 자전거를 타거나 차를 운전하면서 촬영할 수도 있다. 여러 가지 일을 동시에 할 수 있는 것이다.

그런데 조금만 자세히 들여다보면 구글 글래스가 주는 편리함보다는 부정적 요인이 더 많이 존재한다는 것을 알 수 있다. 내가 다른 일을 하면서 별도의 장비 없이 사진, 동영상 등을 촬영하고 바로 실시간으로 공유할 수 있다는 것은 다른 사람도 똑같이 할 수 있다는 뜻이기도 하다. 즉, 다른 사람이 자신도 모르게 사진, 동영상을 촬영해서 제 3자에게 공유할 수 있다는 것이다. 윙크만으로 촬영이 가능하다고 하니 아무도 모르게 동영상을 촬영해서 퍼트릴 수도 있게 된다. 구글 글래스를 착용한 누군가 카페 한 구석에 앉아 신문을 보면서 여러분의 행동을 촬영하고 인터넷으로 즉시 공유하고 있다고 생각을 해보라. 등골이 서늘해질 것이다. 이러한 사생활 노출에 대한 이슈는 구글 글래스 출시 전 테스트 기간 중에 계속해서 제기되었던 문제이다. 테스트 기간 중에 이미 구글 글래스를 착용한 사람의 카페 출입을 금지하겠다는 움직임이 있었고, 몇몇 카페, 술집 등 사람들이 모이는 공공장소에서는 실제로 아래 사진과 같은 출입금지 팻말을 붙여 놓기도 했다.

<구글 글래스 착용 금지 알림>

구글 글래스는 소비자들의 사생활 노출에 대한 우려, 구글 글래스 착용자에 대한 출입 금지 추진 움직임에도 불구하고 사생활 노출에 대한 우려를 불식시킬 수 있는 기능 추가 등 대책을 마련하지 않고 일반 소비자용 제품을 출시하였고, 결국 소비자들의 외면을 받았다. 구글 글래스 사용을 통해 얻을 수 있는 혜택보다 사생활 노출이라는 부정적 요인을 더 크게 느낀 소비자들로부터 외면을 받은 것이다.

구글 글래스는 상품을 통해 얻을 수 있는 사용 가치에 대해 소비자와 공감을 이루지 못했기 때문에 실패를 했다. 구글 글래스가 성공하기 위해서 사생활 노출이라는 부정적 요인을 제거하여 통화, 검색, 사진 촬영·저장·공유의 편리함이라는 사용 가치에 공감할 수 있도록 해 주었어야 했다.

'뉴턴 메시지 패드^{PDA}'가 실패한 이유는 무엇일까? 제품 출시 초기의 높은 판매 가격, 짧은 배터리 시간 등 여러 가지 이유가 있을 수 있지만, 실패한 가장 큰 이유는 뉴턴 메시지 패드의 사용 필요성 및 사용 가치에 대해 소비자가 공감하지 못했기 때문이다.

뉴턴 메시지 패드가 출시된 1993년은 노트북이 활성화되지 않았고, 인터넷 사용이 막 자리 잡아가고 있을 때로 PC 이용보다는 다이어리^{Diary}를 활용한 일정관리, 메모 등이 훨씬 편하고 익숙할 때이다.

따라서 일정관리, 메모 등과 관련한 소비자의 행동 패턴이 여전히 아날로그에 머물러 있어 뉴턴 메시지 패드가 제공하는 쉽고 편한 일정관리, 메모 등의 필요성에 대해 소비자가 공감하기 어려웠다. 또한 뉴턴 메시지 패드를 사용하기 위해서는 그동안 다이어리를 작성해 오던 습관을 모두 바꾸어야 하지만, 뉴턴 메시지 패드 사용을 통해 얻을 수 있는 혜택이 습관을 바꿀 정도로 크지도 않았다. 오히려 짧은 배터리 시간 등 때문에 뉴턴 메시지 패드를 이용하는 것이 다이어리를 이용하는 것보다 더 불편했다.

결국, 일정관리, 메모 등과 관련해서 불편함을 느끼지 못하는 소비자에게 뉴턴 메시지 패드는 일정관리, 메모의 불편함을 해결해 준다고 제안한 것이다. 만약 여러분이 갈증을 느껴 물이 필요한데 누군가 빵을 제공해 준다고 하면, 여러분은 그 사람의 제안을 받아들이겠는가? 아마 받아들이지 않을 뿐 아니라 관심도 두지 않을 것이다. 갈증을 느끼는 사람에게 물을 제공하는 것이 어렵다고 한다면 최소한 음료수라도 제공해야 어느 정도 공감을 이룰 수 있다. 그런데 뉴턴 메시지 패드가 소비자에게 제공하고자 한 것은 물이 아닌 빵이었다.

'세그웨이'는 어떠했을까? 세그웨이 역시, 구글 글래스, 뉴턴 메시지 패드와 유사하게 소비자 니즈^{Needs}에 기반을 둔 상품이라기보다는 기술적인 관점에서 개발된 상품으로 소비자와 공감을 형성하지 못했다. 출시 초기 소비자의 관심이 뜨거웠음에도 불구하고 왜 소비자와 공감을 형성하지 못한 이유는 무엇일까?

세그웨이는 자동으로 중심을 잡고 몸의 움직임만으로 전·후진, 회전이 가능하고 원하는 방향으로 몸을 조금씩 기울이기만 하면 저절로 움직이는 전동 휠^{Wheel}이다. 세상에 공개되기 전부터 몇몇 전문가로부터 '인터넷보다 뛰어난 발명'이라는 극찬을 받았으며, 많은 사람이 도심의 출퇴근 문화를 바꿀 수단으로 기대하였다. 그러나 막상 공개되고 판매가 시작되었을 때, 소비자들의 기대는 실망으로 변했다.

소비자들은 출퇴근 시 세그웨이를 활용할 수 있을 것으로 기대를 했지만, 출시된 세그웨이에는 사람들의 출퇴근 문화가 전혀 고려되지 않았다. 먼저, 세그웨이는 출퇴근 시간에 동시에 많은 사람이 움직이는 좁은 인도에서 활용하기에는 부피가 너무 컸다. 다른 사람들과 어깨를 부딪치는 것조차 부담스러워 하는 문화에서 세그웨이와 같은 부피가 큰 전동 휠을 이용한다는 것은 큰 부담으로 작용했으며, 또한 속도가 너무 빨라서 항상 사람들과 부딪힐 위험이 존재했다. 이와 같은 너무 빠른 속도, 큰 부피 등으로 인해 세그웨이는 인도에서 이용하기가 불가능에 가까웠다. 그렇다고 해서 차도에서 이용하기 쉬웠을까? 차도에서도 이용하기에 어려웠다. 차도에서 이용하기에는 속도가 너무 느렸으며, 전동 휠 이용에 대한 도로교통법규가 완비가 되어 있지도 않았다

또한, 사람들은 평평한 길만 이용해서 출퇴근을 하는 것도 아니다. 때로는 계단을 오르내리기도 해야 하고, 둔덕(차도와 인도가 맞닿은 곳은 서로 높이가 다름)도 넘어가야 하지만, 계단, 둔덕 등을 세그웨이를 타고 넘어갈 수는 없다. 따라서 계단이나 둔덕을 넘어가기 위해서는 내려서 끌고 가야 하지만, 무겁고 부피가 커서 옮기기가 어려울 뿐만 아니라 출근 후 보관할 곳도 마땅치 않았다.

세그웨이는 당시에 없었던 놀라울 정도로 혁신적 제품이며 전문가들로부터 찬사를 받기는 했지만, 가장 중요한 소비자로부터 긍정적 반응, 즉 공감을 이끌어내지는 못했다. 이동하기 어려운 계단 및 둔덕, 사람들과 부딪치는 것에 대한 우려 등 출퇴근 시 사람들의 행동 및 사회·문화적 규범 등을 충분히 고려하지 않았기 때문이다. 세그웨이는 출퇴근보다는 오히려 레저용에 더 적합한 것처럼 보인다. 사람이 많지 않은 곳에서 이동할 때는 일정 수준 이상의 속도가 필요하며 또한 다른 사람과 부딪히는 것에 대해 걱정할 필요가 없다.

위의 사례에서 본 것처럼 '구글 글래스', '뉴턴 메시지 패

드', '세그웨이' 등 혁신적 제품이 성공하지 못한 가장 큰 이유는 소비자와 공감을 이루지 못했기 때문이다. 공감이란 다른 사람의 의견이나 주장에 대해 동의하거나 자신도 그렇다고 느끼는 것으로, 공감이 이루어지기 위해서는 진정으로 다른 사람의 입장이 되어서 그들의 어려움, 아픔 등을 이해해야 한다. 그러나 이들 제품은 소비자 입장보다는 기술적 또는 사업적 관점에서 개발이 진행되어 소비자의 니즈Needs, 불편함 등이 고려되지 않았다. 따라서 소비자는 이들 제품이 전달하는 사용 필요성 및 사용 가치 등에 대해 공감을 하기 어려웠고, 결국 초기의 높은 관심이 구매로 연결되지 않아 모두 실패할 수밖에 없었다.

환자에 대한 맞장구로 설명할 수 있는 'H 정형외과'의 비밀, 컨셉을 변경하여 성공한 '햇반', 혁신적이었지만 실패한 '구글 글래스', '세그웨이', '뉴턴 메시지 패드' 등을 통해 성공과 실패는 소비자와의 공감에 달려 있다는 사실을 알았다. 공감이란 상품을 언제, 어디서, 어떻게 사용해야 하는지 등과 같은 사용 필요성 및 사용을 통해 얻을 수 있는 혜택 등과 같은 사용 가치에 대해 동의하는 것을 말한다. 공감이 이루어지면 자연스럽게 구매로 연결된다.

H 정형외과는 환자들의 아픔을 같이 느끼고 있으며, 환자의 입장에서 진료를 하고 있다는 것을 보여줌으로써 환자와 진료 서비스에 대한 공감을 형성했다. 특히 '맞장구'는 의사가 환자의 아픔을 느끼고 있다는 동의의 표시로 소비자의 공감을 끌어내는 중요 요인으로 작동한다.

햇반은 소비자가 공감할 수 있는 '밥보다 맛있는 밥'이라는 상품 컨셉을 통해 시장 출시 초기의 어려움을 극복하고 성공했다. 햇반이 '편리함'이라는 상품 컨셉을 전달했을 때 소비자는 인스턴트 식품에 대한 미안함과 죄책감으로 편리함이라는 사용 가치에 동의하지 못했지만, 밥보다 맛있는 밥으로 컨셉을 변경한 후에는 '맛있는 밥'이라는 사용 가치에 공감을 하였다

구글 글래스, 세그웨이. 뉴턴 메시지 패드 등과 같은 혁신적인 제품들은 기술적 또는 사업적 관점에서 제품 개발에 집중하여 왜 소비지가 제품을 사용해야 하는지 또는 사용을 통해 어떤 가치를 얻을 수 있는지 등에 대한 올바른 답변을 소비자에게 전달하지 못했다. 다시 말해, 소비자가 겪는 불편, 니즈 등을 기반으로 하는 사용 필요성 및 사용 가치 등을 제공하지 못하였고, 소비자로부터 공감

을 이끌어 내지 못했다.

결국, 아무리 혁신적이고 창의적인 상품이라고 하더라도 소비자와 공감을 형성하지 못한 상품은 성공할 수가 없다. 상품의 구매가 이루어지기 위해서는 사용 필요성 및 사용 가치에 소비자가 공감을 할 수 있어야 한다. 공감은 소비자의 니즈를 충족시켜주거나 또는 불편사항이나 문제를 해결해 줄 수 있을 때 이루어진다. 따라서 상품이나 서비스는 소비자를 충분히 이해하고, 그들의 어려움, 니즈, 또는 문제 등을 파악하고 해결책을 제시해 주어야 한다. 여러분이 제공하는 상품이나 서비스는 어떠한가? 소비자와 충분한 공감을 형성하고 있는가?

Chapter 02
성공 방정식 _ '공감'

설득하려면 공감하라!

공감이란 상대방의 입장에서 상대방을 이해하고 아픔과 어려움을 함께 느끼는 것을 의미한다. 따라서 공감이 이루어졌다는 것은 내가 상대방의 아픔, 어려움을 안다는 것뿐만 아니라 상대방 역시 나의 어려움을 알고 있고 같이 아파한다는 의미도 포함하고 있다. 사람들은 공감이 형성되면 상대방의 이야기를 훨씬 더 수월하게 받아들인다. 공감이 이루어지면 상대방이 자신의 입장에서 생각하고 아픔, 어려움을 함께 느끼고 있기 때문에 그들의 이야기가 자신에게 도움이 될 것이라고 생각을 하게 되는 것이다.

만약, 여러분 앞에 친구가 추천하는 상품, 판매원이 추천하는 상품, 지인이 추천하는 상품이 있다고 한다면 어떤 상품을 선택하겠는가? 십중팔구는 친구가 추천하는 상품을 선택한다. 친구는 이미 나와 공감을 이루고 있기 때문에 나에게 필요한 것 또는 나에게 맞는 것을 추천해 주었을 것이라는 믿음을 갖게 되는 것이다.

다시 말해 공감이 이루어지면 상대방이 자신의 입장을 충분히 이해하고, 자신의 아픔 또는 어려움을 함께한다고 생각하여 자신과 같은 편으로 여기게 되고, 자신에게 도움을 주는 이야기를 할 것이라는 믿음을 갖게 된다. 따라서 공감이 형성되면 상대방을 쉽게 설득할 수 있다. 같은 편이 자신의 입장에 서서 도움이 될 수 있는 이야기를 해주는데 어떻게 받아들이지 않겠는가?

필자가 경기도 일산에 살았을 때 남자 네 명이 운영하던 조그마한 식료품 가게가 있었다. 식료품을 다른 곳보다 더 싸게 파는 것도 아닌데 항상 사람이 많았다. 대형 마트가 차로 그리 멀지 않은 곳에 있어 충분히 이용할 수 있음에도 불구하고 동네 사람들은 그 식료품 가게를 자주 이용했다. 필자 역시 그랬다. 이사를 와서 처음에는 주말마다 대형 마트에서 식료품을 구매했지만, 언제부터인지는 정확히 기억이 나지 않지만, 얼마 지나지 않아 식료품 가게를 주로 이용하게 되었던 것 같다. 왜 그랬을까?

식료품 가게가 다른 곳과 달랐던 점은 딱 한 가지밖에 없었다. 주변 아파트에 사는 아이들 이름을 알고 있고, 아이들과 꽤 친하다는 것이 다른 가게와 다른 점이었다. 아이들이 가게 앞을 지나갈 때면 항상 이름을 부르고 인사를 했다. 이외에는 다른 가게와 별로 다른 점이 없었다. 아이들 이름을 아는 것과 동네 주민들이 식료품 가게를 이용하는 것 사이에 무슨 상관관계가 있을까? 둘 사이에 아무런 관련이 없는 것처럼 보이지만, 자세히 살펴보면 그렇지 않다. 아주 밀접한 관계가 있다.

사람들은 비슷한 관심사, 어려움, 해결하고자 하는 문제 등을 갖고 있으면 서로에게 호감을 갖게 되고 쉽게 공감을 형성하게 된다. 공통의 관심사가 있을 경우 서로의 입장을 더 잘 이해할 수 있으며, 상대방이 자신의 어려움, 욕구 등을 잘 알고 있을 것이라는 생각을 하게 되기 때문이다. 여러분도 비슷한 취미나 관심사를 가지고 있는 사람과 훨씬 쉽게 친해지며, 호감이 더 가지 않는가?

이와 같이 아이들 이름을 알고 있고 친하다는 것은 아이들 부모들과 공통의 관심사를 갖고 있다는 의미로, 공감을 형성할 수 있는 좋은 출발점이 된다.

일산은 서울로 출퇴근하는 직장인이 많이 사는 신도시로 어린 자녀들과 거주하는 맞벌이 부부가 많이 산다. 어린 자녀를 둔 부모의 주요 관심사는 자녀들이다. 물론 상황에 따라 다소간의 차이는 있을 수 있으나, 아마 대부분 어린 자녀들이 주요 관심사일 것이다. 따라서 아이들 이름을 부르면서 아는 척을 하는 것은 부모들에게 '당신과 나는 공통의 관심사가 있어요'라는 신호를 주는 것으로, 이를 통해 자연스럽게 부모들로부터 호감을 살 수 있게 된다. 물론, 이름을 알고 있다고 해서 아이들에 대해서 잘 안다고 할수는 없다. 그렇지만 이름을 알고 있을 뿐 아니라 아이들과 인사를 주고받음으로써 부모들에게 아이들에 대해 잘 알고 있다는 느낌을 주게 된다. 더 나아가 부모들에게 그들의 아이들과 관련한 긍정적 이야기를 하게 되면 '나는 당신 편입니다'라는 강력한 신호를 보내게 된다.

아이들이라는 공통의 관심사를 갖고 있을 뿐 아니라 같은 편이라는 신호를 받은 부모들은 식료품 가게와 공감을 형성하게 되고 자연스럽게 그곳에서 구매를 하게 된다. 조금 불편하더라도, 또는 가격이 다른 곳보다 아주 조금 비싸더라도 같은 편인 식료품 가게를 이용한다. 식료품 가게를 이용하는 부모들의 행동 밑바탕에는 같은 편으로 나의 입장에서 식료품을 판매할 것이라는 생각이 자리 잡고 있다. 우리가 단골가게를 찾는 것도 이와 같은 원리이다. 나에 대해 잘 알고 있는 같은 편이기 때문에 나의 입장에서 상품을 판매하거나 서비스를 제공할 것이라고 생각한다. 반대로 내가 잘 모르는 가게, 즉 공감이 형성되지 않는 가게는 잘 이용하지 않는다. '같은 편'이 아니기 때문에 나의 입장보다는 판매자의 입장에서 판매할 것이라는 생각이 밑바탕에 깔려 있기 때문이다.

식료품 가게를 운영하는 네 명의 남자들은 정말 타고난 공감 크리에이터Creator들이다. 그들이 공감을 형성하는 방법에 대해 배웠는지 알 수는 없지만 동네 주민들과 공감을 형성하게 되면 식료품 가게를 자주 이용하게 될 것이라는 것을 알고 있었던 것이 틀림없다. 아이들 이름을 알고, 서로 인사를 하며, 부모에게 아이들의 좋은 점에 대해 이야기하는 것이 부모들을 같은 편으로 만들 수 있는 가장 빠른 방법이라는 것을 말이다.

소비자와 공감을 이루는 것은 갈수록 중요해질 수밖에 없다. 경쟁이 치열하고, 불확실한 환경에서는 더더욱 같은 편을 만드는 것이 필요하다. 일산의 식료품 가게를 이용하는 부모들처럼 같은 편이 되면 약간의 손해가 있다고 하더라도 같은 편을 믿고 따르게 된다. 즉, 공감이 이루어지면 상대방을 신뢰하게 되고 약간의 불편을 감수하고서라도 '같은 편'이 제공하는 상품을 이용하게 된다. 소비자를 같은 편으로 만드는 방법인 '공감 도구'에 대해서는 Chapter 03에서부터 자세히 설명할 것이다. 공감 형성 방법이 궁금하다면 바로 Chapter 03으로 넘어가도 된다.

공감은 사람을 이해하고
문제를 찾아 해결하는 것

성공의 필요조건인 공감을 이루기 위해서는 무엇을 어떻게 해야 할까? 먼저, 공감의 의미에 대해서 생각해 보자. 공감이란 앞서 이야기했듯이 상대방의 입장에서 상대를 이해하고 그들의 아픔, 어려움을 함께하는 것이다. 상대방의 입장에서 상대를 이해한다는 것은 상대방의 관점에서 생각하고 행동을 하여 상대방의 아픔, 어려움을 알아야 한다는 의미이다. 아픔, 어려움을 함께한다는 것은 상대방의 아픔, 어려움에 대해 함께 고민하고 해결 방안을 찾아보아야 한다는 의미이다.

다시 말해, 공감을 이룬다는 것은 상대방의 입장에서 생각하고 행동을 하여 그들의 충족되지 않는 욕구Needs 또는 해결하고자 하는 문제를 찾아내 해결 방법을 고민하는 것이다. 이를 위해서는 자신의 관점이 아니라 소비자의 관점에서 생각하고 행동해야 한다. 자신의 관점에서 보면 상대방의 충족되지 않은 욕구 또는 해결하고자 하는 문제를 파악할 수 없다. 소비자의 관점에서 또는 소비자의 편에 서서 해결되지 않은 문제는 무엇인지, 충족되지 않은 욕구는 무엇인지 파악해야 한다.

또한, 공감을 이루기 위해서는 소비자 관점에서 소비자를 살펴보고, 소비자가 겪고 있는 불편, 해결되지 않은 문제 등을 파악한 후에 적합한 해결 방안을 제시해야 한다. 문제 해결 방법은 꼭 하나가 아닐 수 있다. 여러 해결 방법 중 가장 실현 가능성 및 소비자와 공감을 형성할 가능성이 높은 것을 찾아야 한다.

이와 같이 사람을 이해하고 그들의 충족되지 않은 욕구 또는 해결하고자 하는 문제를 찾아 해결 방법을 제시하는 일련의 과정을 통해 공감을 형성할 수 있으며, 이 과정을 공감 프로세스라고 한다. '공감 프로세스Process'는 다음 그림과 같이 공감 형성 과정 및 각 과정별 공감 도구로 구성되어 있다. 공감 도구에 대해서는 Chapter 03 ~ Chapter 07에서 상세히 다루고 있어, 여기에서는 공감 형성 과정에 대해서만 살펴볼 것이다.

<공감 프로세스 & 공감 도구>

사람 이해하기

공감을 이루었다는 것은 상대방이 느끼는 어려움, 불편 등의 감정을 함께 느끼거나 또는 상대방의 의견, 주장에 동의를 한다는 뜻이다. 따라서 공감을 이루기 위해서는 상대방의 어려움, 불편 등의 감정을 같이 느낄 수 있어야 한다. 이를 위해서는 사람들 속으로 들어가서 그들이 어떤 불편을 겪고 있는지, 부족한 것은 무엇인지 등을 확인해야 한다.

상대방의 입장이 되어 보지 않으면 겉으로 보이는 현상만 알 수 있을 뿐 상대방이 느끼는 불편, 부족함 등에 대해서는 자세히 알 수가 없다. 대부분의 사람은 자신이 겪고 있는 불편, 자신이 느끼는 감정 등에 대해 잘 표현하지 않는다. 따라서 상대방의 입장에서 생각하고 경험하지 않으면 그들이 겪는 불편, 부족함 등을 알기 어렵다.

상품 이나 서비스를 개발하거나 기획할 때, 일반적으로 소비자의 관점보다는 개발자 또는 판매자의 입장에서 생각하고 판단하게 된다. 개발자 또는 판매자의 관점으로 보면 소비자가 느끼는 불편, 부족함 등에 대해 알기 어렵다. 앞서 이야기한 '구글 글래스'의 경우를 다시 한 번 생각해 보자. 소비자는 사생활 침해 문제를 구글 글래스의 편의성보다 더 중요하게 생각했지만, 개발자나 기획자는 편의성을 더 중요하게 생각하였고, 편의성이라는 사용 가치가 사생활 침해 문제를 극복할 수 있을 것으로 판단하여 그 문제에 대한 대안을 마련하지 않았고, 결국 소비자의 외면을 받았다. 결국, 구글 글래스는 사생활 침해라는 문제를 소비자의 관점에서 본 것이 아니라 사업자 관점에서 보고 편의성보다 덜 중요할 것으로 판단한 것이다. 이처럼 똑같은 상황 또는 현상을 보더라도 누구의 입장에서 보느냐에 따라 결과가 달라진다. 따라서 소비자의 입장에서 생각하고 판단해야 한다. 사업자 관점에서는 보이지 않던 것들도 소비자 입장에서 바라보면 명확히 보인다.

상대방을 이해하게 되면 그들의 행동방식, 그들이 느끼는 감정 또는 의견 등을 이해하게 되고, 더 쉽게 받아들일 수 있게 된다. 예를 들어 여러분이 중학생 자녀가 있는 부모라고 가정해 보자. 실제로 여러분 중에 중학생 자녀를 둔 분도 있을 것이다. 자녀들이 하는 행동이 이해가 되고 쉽게 받아들여지는가? 아마 그렇지 않을 것이다. 대부분의 부모가 아이들의 행동을 이해하기 어렵다고 이야기한다.

필자의 둘째 아들은 상대하기가 가장 어렵다는 중학생이다. 둘째 아들이 중학교 2학년 때 교복 바지의 통을 줄여 입겠다고 작은 소란을 부린 적이 있다. 바지가 커서 불편한 것도 아니고 대략 7통(인치) 정도로 보기에 괜찮았는데 줄이겠다고 하니 정말 이해가 되지 않았다. 아이는 무조건 6통으로 줄여야 한다며 고집을 부렸다. 바지를 6통으로 줄이면 통이 너무 작아 앉거나 설 때 불편할 것 같았고, 또한 아이들이 교복 바지를 스키니 바지처럼 줄여 입는 것이 보기 싫어 반대를 했다. 실랑이를 하던 중 왜 줄여 입으려고 하는지 이유라도 알고 싶어 둘째 아들에게 그 이유가 무엇인지 물어 보았다.

"그냥, 통이 너무 커서 불편해, 그리고 친구 ○○도 줄였어"

통이 커서 불편하고, 친구들이 바지통을 줄인 것이 이유였다. 여러분은 납득이 되는가? 필자는 이해가 되지 않았다. 7통이 커서 불편하다는 것은 말도 안 되는 핑계이고, 아이 친구들도 전부 바지를 줄인 것은 아니었다. 며칠간 실랑이를 한 끝에 결국 아이한테 지고 말았다.

도대체 아이들은 왜 멀쩡한 교복 바지를 줄여서 입으려고 할까? 부모 입장에서 교복과 관련한 문제를 바라보면 바지통을 줄이려는 아이들의 행동을 절대 이해할 수 없다. 아이들의 관점에서 교복 바지라는 문제를 보아야 한다. 아이들 입장에서 보면 교복 바지를 줄인다는 것은 단순히 바지통을 줄이는 것이 아니다. 최대한 멋을 부리는 방법 중 하나다. 교복을 그냥 밋밋하게 입는 것이 아니라 자신의 몸에 맞게 줄여서 최대한 핏^{Fit}을 살리고, 다리를 길어 보이게 하는 효과를 통해 또래들 사이에서 멋있게 보이려고 하는 것이다. 또한 처음에는 교복 바지를 줄여 입는 것에 관심이 없던 아이들도 주위 친구들이 줄여 입기 시작하면 자연스럽게 따라 하려고 하게 된다. 이와 같이 아이들의 관점에서 생각해 보면 사춘기에 멋을 부리고 싶고, 유행을 따라 하고 싶은 아이들의 마음과 행동이 충분히 이해가 된다.

그럼, 사람들이 느끼는 불편, 부족함 등을 알기 위해서는 어떻게 해야 할까? 사람들을 이해하기 위해서는 사람들 속으로 직접 들어가서 느껴야 한다. 직접 현장 속에서 소비자의 입장에서 생각하고 행동해 보아야 그들의 불편, 부족함 등을 이해할 수 있다.

소비자에 대해 이해를 해야 한다고 하면 많은 사람이 자신의 경험에 기반을 두거나 또는 자료조사와 같은 간접조사(현장 속에서 직접 소비자를 파악하는 방법과 비교하기 위하여 간접조사 용어를 사용함)를 생각한다. 간접조사로는 소비자가 느끼는 불편, 부족함 등을 파악하기 어렵다. 물론 자료를 찾아보거나 자신의 경험에 기반을 두어 사람을 이해한다고 하는 것이 100% 틀렸다고는 할 수는 없다. 그러나 사람들이 보이는 다음과 같은 행동 특성 때문에 자료조사 또는 자신의 경험에 의존하는 조사로는 소비자를 충분히 이해하는데 한계가 있다.

- 사람들은 동일한 현상도 각기 다르게 경험을 하며, 동일한 경험에도 서로 다른 감정, 불편을 느낀다.
- 사람들은 불만, 어려움 등에 대해 표현하지 않거나 또는 일부러 감춘다.
- 사람들은 말과 행동을 다르게 한다.

자신의 경험에 기반을 둔 조사 또는 인터넷을 통한 자료조사 등과 같은 간접조사를 통해 사람들을 이해할 경우, 첫 번째로 성급한 일반화 오류를 범하기 쉽다. '성급한 일반화'란 제한된 증거를 가지고 결론을 도출하는 것을 말한다. 자신의 경험에 기반을 두고 판단할 경우, 내가 경험한 것이 마치 전부인 것처럼 판단할 우려가 있다. 내가 그런 경험을 했으니까 다른 사람들도 똑같은 경험을 할 것이고 나와 비슷한 감정, 어려움 또는 불편을 느낄 것이라는 착각을 한다. 자신이 직접 겪은 경험이 틀렸다는 것은 아니지만 모든 사람이 똑같은 경험을 하고 똑같은 생각을 하지는 않는다. 사람들은 자신이 처한 상황에 따라 각기 다르게 생각하고 다르게 행동한다. 어떤 사람은 문을 밀어서 열고 닫는 미닫이문이 편하다고 생각할 수 있지만, 짐이 많아서 양손을 자유롭게 사용하지 못하는 경우에는 여닫이문을 더 편하다고 생각할 수 있다. 따라서 자신이 겪은 경험이 전부라고 생각하고 자신의 경험을 기준으로 사람들의 행동을 해석해서는 안 된다. 직접 사람들 속에서 동일한 경험이 반복되는지 확인해야 한다.

두 번째로 사람들은 불만, 어려움 등에 대해 말로 표현하지 않는 경우가 많다. 불편한 것이 무엇인지, 무엇이 필요한지 잘 모를 때도 있으며, 때로는 일부러 자신의 감정이나 불편함 등을 감추기도 한다. 반면에 사람들은 말로 표현하지 못하는 것들을 자신도 모르게 종종 행동으로 나타낸다. 마치 새 신발을 신었을 때 자신도 모르게 약간 불편하게 걷는 것처럼 말이다. 따라서 현장에서 직접 사람들의 행동을 보거나 또는 직접 경험해 보고 사람들이 느끼는 불편이 무엇인지, 무엇이 부족한지 등을 파악해야 한다.

세 번째로 사람들은 말과 행동을 다르게 한다. 사회적 지위, 사람들과의 관계 등 여러 가지 이유로 실제 행동보다 과장하거나 또는 반대로 축소해서 이야기를 한다. 자랑거리가 될 수 있는 것은 과장하고, 자신의 잘못과 관련된 것은 축소한다. 주변 사람들에게 운전 중 문자를 주고받거나 또는 채팅(카톡)을 하는지 물어보면, 아마 대부분의 사람이 그렇지 않다고 이야기할 것이다. 운전 중 채팅이 굉장히 위험한 행동이라는 것을 알기 때문에 실제 행동과 다르게 이야기한다. 하지만 실제로 운전하는 모습을 살펴보면 운전 중 채팅을 하거나 문자 메시지를 주고받는 사람이 굉장히 많다.

결국 사람을 이해하고 그들의 불편, 부족함 등을 알기 위해서는 사람들 속으로 들어가서 생각하고 행동해야 한다. 그냥 책상에 앉아서는 이해할 수 없다. 책상에 앉아 있지 말고 직접 현장 속으로 들어가서, 사람들이 어떤 행동을 하는지 살펴보고(관찰하기), 그들이 되어보며(경험하기), 이야기를 들어야(질문하기)한다. 그래야 사람들이 느끼는 감정, 불편, 부족함 등을 알 수 있다. 위의 '관찰하기', '경험하기', '질문하기'는 사람들을 이해하기 위한 공감 도구로서 Chapter 03, Chapter 04에서 상세히 설명할 것이다.

문제 파악하기

공감을 형성하기 위해서는 사람들이 해결하고자 하는 진짜 문제를 파악해야 한다. 사람들이 겪는 불편, 어려움 등은 다양하고 복합하다. 동일한 경험을 하더라도 사람에 따라 또는 처해 있는 상황에 따라 다 다르게 느낀다. 또한, 특정 불편, 어려움 등은 지극히 일시적인 것으로 별다른 노력 없이 해결되기도 하지만, 반대로 특정 문제들은 쉽게 해결되지 않는다.

　　예를 들어 온라인에서 식료품을 구매할 때 소량으로 구매하지 못하는 것, 즉 '대량 판매'에 대한 소비자들의 불편함이 있다고 가정해 보자. 실제로 소비자들은 식료품 구매 시 대량 판매에 대한 불만을 이야기한다. 대량 판매라는 불만이 모든 소비자가 공통으로 느끼는 불편한 감정일까? 꼭 그렇지는 않다. 대가족이거나 또는 행사 등이 있어 대량 구매가 필요한 사람은 대량 판매에 대한 불편을 느끼지 않는다. 오히려 좀 더 저렴하게 대량으로 구매할 수 있다는 것에 고마워한다. 뿐만 아니라 대량 판매가 항상 느낄 수 있는 불편함도 아니다. 설령 오늘 대량 구매가 필요하지 않다고 하더라도 내일은 필요할 수도 있다. 이처럼 사람 또는 처한 상황에 따라 느끼는 불편, 부족함 등이 서로 다르다. 따라서 사람들이 해결하고자 하는 진짜 문제가 무엇인지 파악해야 한다.

　　사람들이 겪는 불편, 어려움 등은 무엇인가 만족스럽지 못하거나 또는 충족되지 않았을 때 느끼는 감정으로 거기에는 반드시 원인이 있다. 앞서 언급한 '대량 판매'라는 불편함에 대해 생각해 보자. 대량 판매에 대해 사람들이 불편하다고 느끼는 이유가 무엇일까? 소량으로 구매할 수 없어서일까? 아니면 무엇 때문일까? 소비자들의 이야기를 들어보면 대량으로 구매하게 되면 다 사용하지 못하고 버리게 되는 경우가 있어, 단가를 비교해 보면 대량 구매가 결코 저렴한 것이 아니라고 한다. 반대로 소량으로 구매할 경우 가격 자체가 높다고 한다. 결국, 소비자들은 대량 판매 또는 소량 판매가 아니라, 자신이 필요한 수량만큼 최적의 가격으로 구매할 수 있기를 원하는 것이다. 따라서 소비자들이 대량 판매를 불편하다고 느끼는 것은 '최적의 가격으로 필요한 만큼'이라는 욕구가 충족되지 않았기 때문이라고 할 수 있다.

이와 같이 사람들이 느끼는 불편, 어려움 등의 이면에는 충족되지 않은 욕구^{Unmet Needs} 또는 해결되지 않은 문제^{Problem to solve} 등이 있으며, 위에서 언급한 '최적의 가격으로 필요한 만큼'이 해당된다. 좀 더 자세히 알아보도록 하자.

사람들은 '최적의 가격으로 필요한 만큼'이라는 욕구를 가지고 있지만, '대량 판매' 또는 '소량 판매'만 가능하다고 가정해 보자. 대량 판매만 가능하다고 할 경우에는 필요한 만큼이라는 소비자의 욕구를 충족시키지 못한다. 반대로 소량 판매만 가능하다고 할 경우는 최적 가격이라는 욕구를 충족시키지 못한다. 그렇기 때문에 표면적으로 표출되는 대량 판매 또는 소량 판매에 대한 소비자의 불만을 중심으로 해결 방안을 수립할 경우, '최적의 가격으로 필요한 만큼'이라는 소비자의 욕구는 여전히 충족이 되지 않은 상태로 존재하게 되고, 다른 불만을 초래하게 된다. 따라서 공감을 이루기 위해서 파악해야 할 것은 겉으로 나타나는 행동, 표출되는 불만, 불편이 아니라 그 이면에 숨어 있는 사람들의 충족되지 않은 욕구^{Unmet Needs} 또는 사람들이 해결하고자 하는 문제이다.

충족되지 않은 욕구 또는 사람들이 해결하고 하는 문제란 무엇을 의미할까? 욕구라고 하면 흔히 매슬로우^{Abraham Maslow}의 욕구 5단계를 생각한다. 매슬로우는 1954년에 출판한 그의 저서 〈Motivation and Personality〉에서 인간의 욕구에는 5가지가 있으며, 하위 단계의 욕구를 충족시켜야만 다음 단계 욕구를 충족시킬 수 있다고 말한다.

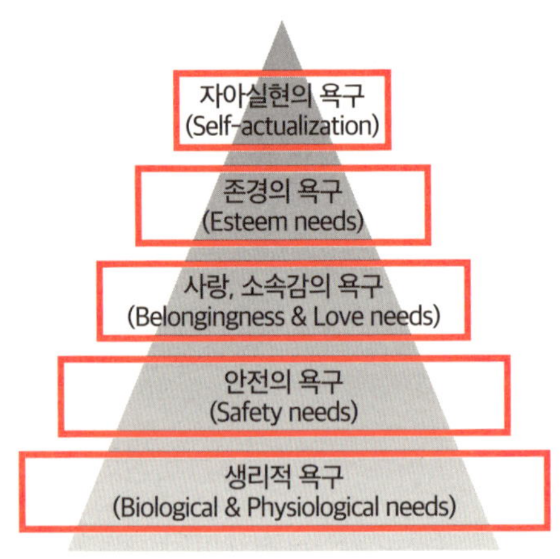

[매슬로우(Maslow) 욕구 5단계 (Hierarchy of Needs)]

매슬로우의 욕구 5단계는 원초적인 의식주 욕구에서부터 자아성취라는 상위 개념에 이르기까지 인간의 욕구를 폭넓은 관점에서 체계적으로 조망하게 해주었다는 점에서 큰 의의가 있다. 그러나 포괄적이고 추상적이어서 상품 개발 및 판매에 적용하기가 어렵다. 상품 개발 및 판매에 적용할 수 있는 수준의 욕구는 무엇인지 좀 더 살펴보자.

이노베이션 컨설팅 회사인 점프Jump Associate의 데브 패트나익Dev Patnaik에 따르면 사람들의 욕구에도 계층이 존재한다고 한다 (Dev Patnaik, "System Logic: Organizing Your Offerings to Solve People's Big Needs", Design Management Review, Summer 2004). 아래의 그림에서 보는 것처럼 하위 단계의 욕구는 상위 욕구를 충족시키기 위한 구체적인 방법을 제시하고, 상위 단계의 욕구는 하위 단계의 욕구를 왜 추구하려고 하는지에 대한 답을 보여주고 있다.

[계층별 욕구]

구체적으로 단계별 욕구에 대해 살펴보자. 우선 최상위 개념의 보편적 욕구Common Needs는 '사랑받고 싶다', '소통하고 싶다'와 같은 일반적 욕구로 기업이 지향하는 비전과 미션에 적용할 수 있다. 두 번째 상황적 욕구^{Context Needs}는 '멀리 떨어져 있는 사람과 소통하고 싶다'와 같이 특정 상황에서 느끼는 욕구로 인터넷 전화, 이동전화, SNS 등과 같은 특정 비즈니스에 적용할 수 있다. 세 번째 행동적 욕구^{Activity Needs}는 '상대방의 안부를 확인하고 싶다'와 같이 특정 행동과 연관된 욕구로 상품 개발 및 판매와 직접적 연관이 높다. 끝으로 속성적 욕구^{Qualifier Needs}는 '얼굴을 보면서 안부를 확인하고 싶다'와 같이 특정 행위의 정도와 관련된 욕구로 기존 상품에서 차별화를 위한 다양한 기능 개발과 연결된다. 따라서 기존 상품 개선 또는 기능 개선을 위해 중요하게 파악해야 할 욕구이다.

이외에도 이노베이션 컨설팅 회사인 도블린^{Doblin}은 사람들의 욕구를 인지나 표현 정도에 따라 3가지로 구분하기도 한다. 첫 번째는 명시적 욕구^{Explicit Needs}로, 사람들이 스스로 자각하고 있어, '이런 건 참 불편해!' 혹은 '이런 건 정말 필요한데…'라고 명확히 표현할 수 있는 욕구다. 두 번째는 암묵적 욕구^{Tacit Needs}로, 습관이나 문화에 이미 익숙해져서 명확히 자각하거나 꼬집어 말하기는 어려운 욕구이다. 세 번째는 잠재 욕구^{Latent Needs}로, 무의식적으로 가지고 있으나 사람들이 스스로 인지하지 못하고 있는 욕구를 의미한다. 위의 3가지 욕구 중 상품 개발 및 판매를 위해 찾아야 할 욕구는 명확히 표현되지 못한 암묵적 요구 또는 잠재 욕구이다. 사람들이 자각하는 명시적 욕구는 앞서 이야기했듯이 이면에 진짜 욕구가 숨겨져 있을 확률이 높고, 또한 누구나 알 수 있어 쉽게 해결책을 생각해 낼 수 있기 때문에 피해야 한다.

공감을 끌어내기 위해서는 소비자들이 느끼는 불편, 부족함 등의 이면에 숨겨져 있는 사람들의 충족되지 않은 욕구, 해결하고자 하는 진짜 문제를 찾아내야 한다. 이를 위해 먼저, 사람들을 살펴보고, 직접 경험해 보며, 이야기를 듣고, 사람들이 느끼는 불편, 행동 패턴, 사회·문화적 특징 등을 파악해야 한다. 다음으로 파악된 다양한 사실을 연결하고 분류해서 이면에 있는 충족되지 않은 욕구 또는 진짜 문제를 찾아야 한다. 이는 공감 도구인 분석 Deep Dive 과 융합 Synthesis 을 통해서 가능하다. 이에 대해서는 Chapter 05에서 상세히 설명하도록 하겠다.

끝으로 진짜 문제를 찾을 때는 반드시 사회·문화적 특성을 고려해야 한다. 사회·문화적 특성에 따라 느끼는 불편의 정도가 다르고, 이에 따라 해결하고자 하는 문제가 달라지기 때문이다. 앞서 언급한 교복 바지 7통은 중학생들에게는 해결해야 할 문제이지만 부모들에게는 전혀 문제가 되지 않는다.

　사람들의 충족되지 않은 욕구 또는 해결하고자 하는 진짜 문제를 찾았으면 해결 방안을 만들어야 한다. 해결 방안의 수립은 문제 해결을 위한 아이디어를 내는 것에서부터 시작한다. 아이디어를 내야 한다고 하면 많은 사람이 자신 없어 한다. 아이디어란 창의적인 사람만 낼 수 있는 것이고, 다른 사람들이 보기에 그럴듯해야 하며, 다른 사람들이 생각하지 못하는 것을 제시해야 한다고 생각한다. 전혀 그렇지 않다.

　해결 방안 수립을 위한 첫 단추는 해결 방안 자체가 아니라 문제 해결을 위한 다양한 아이디어다. 여기서 아이디어란 말 그대로 정제되거나 실현 가능성이 검증되지 않은 초기 아이디어를 의미한다.

　아이디어를 낼 때 처음부터 실현 가능성을 고려하게 되면 스스로 하나의 제약사항을 만들게 되어 다양한 아이디어를 내는 것을 막게 된다. '이것은 이래서 안 되고, 저것은 저래서 안 되고' 식으로 아이디어를 제어하다 보면, 두뇌 스스로 부정적 의미의 자정작용을 하게 되어 아이디어를 내는 것을 꺼리게 된다. 여러분이 그동안 낸 아이디어를 천천히 생각해 보아라! 매번 정형화된 틀에서 벗어나지 못하고 항상 제자리를 맴도는 느낌이 들 것이다. 여기서 정형화된 틀이란 고정관념을 의미한다. 아이디어에 제약을 두게 되면 결코 고정관념을 뛰어넘는 아이디어를 생각해 낼 수 없다. 여러분이 도출한 해결책이 고정관념에서 탈피하지 못했다면 그것은 여러분 스스로 미리 이것저것 한계를 정해놓고 아이디어를 생각했기 때문일 것이다.

여러 가능성을 열어둔 다양한 생각이 반영되었을 때 틀에 얽매이지 않는 새로운 아이디어를 생각해 낼 수 있다. 아이디어는 이것저것 따져보지 말고 생각나는 대로 마음껏 발산할 수 있어야 한다. 아이디어를 내는 대표적인 방법에는 브레인 스토밍Brain Storming, 브레인 라이팅Brain Writing, 스캠퍼Scamper 등이 있다. 이외에도 아이디어를 낼 때 도움을 받을 수 있는 많은 방법이 있으며 각기 장단점이 있다. 각각의 사용 방법에 대해서는 아이디어 방법론 관련 자료를 찾아보기 바란다.

다양한 아이디어를 발산한 후에는 비슷한 아이디어끼리 결합해서 해결 방안을 도출해야 한다. 초기 아이디어는 문제 해결을 위한 단초일 뿐이지 명확한 해결 방안이라고 할 수는 없다. 물론 아이디어에 문제 해결을 위한 기능 등 일정 부분의 해결 방안이 포함되어 있을 수는 있지만, 소비자가 어떻게 사용하는지, 또한 소비자에게 어떤 가치를 줄 수 있는지 등에 대한 내용은 명확하지 않다. Chapter 01에서 이야기한 것처럼 해결 방안이 공감을 얻기 위해서는 사용 필요성뿐 아니라 사용 가치도 공감을 얻어야 한다. 따라서 해결 방안에는 누가, 언제, 어디서, 어떻게, 왜 사용해야 하는지 등의 사용 필요성 및 사용을 통해 얻을 수 있는 사용 가치가 포함되어 있어야 한다.

예를 들어 '햇반'이라는 상품에 누가, 언제, 어디서, 어떻게, 왜 사용해야 하는지 및 사용을 통해 무엇을 얻을 수 있는지 등의 내용이 없다고 가정해 보자. 햇반은 그냥 즉석밥이라는 상품일 뿐, 소비자는 언제 어떤 상황에서 사용해야 하는지, 사용을 통해 어떤 문제를 해결할 수 있는지 등을 전혀 알 수가 없다. 따라서 햇반의 사용 필요성 및 사용 가치도 이해할 수가 없게 되고 상품에 관심을 두지 않게 된다. 다른 예로 '위클리 셔츠'라는 상품이 있다. 상품의 기본 아이디어는 '셔츠를 빌려준다'이다. 아이디어만으로는 누구를 대상으로 어떤 문제를 해결해 주고자 하는지 명확히 이해가 되지 않는다. '셔츠를 빌려준다'라는 기본 생각에 '셔츠를 주로 입는 직장인(미혼 남성)을 대상으로 직접 손으로 다림질한 셔츠를 주 1회 3~5장 제공하여 매일 셔츠를 다림질해야 하는 번거로움 제거'라는 내용이 추가된다고 가정해 보자. 내용이 추가되면 명확히 누구(바쁜 직장인)를 대상으로 무엇(손으로 다림질한 셔츠)을 어떻게(주 1회 3~5장) 제공해 주는 서비스인지, 왜 사용해야 되는지 이해할 수 있게 된다.

이와 같이 아이디어에 누가, 언제, 어디서, 어떻게, 왜, 무엇과 같은 내용을 붙여 개념화한 해결 방안을 컨셉^{Concept}이라고 한다. 컨셉에는 해결 방법뿐 아니라 사용을 통해 얻을 수 있는 가치가 포함되어야 한다. 소비자들은 사용 필요성 및 사용 가치에 동의가 되지 않으면 구매를 하지 않는다.

해결 방안을 만들 때는 한꺼번에 모든 문제를 해결하려고 해서는 안 된다. 모든 해결 방안을 적용하기보다는 소비자의 공감을 가장 자극할 수 있는 방법 한 가지만을 적용하여 만들어야 한다. 모든 방안을 적용한 컨셉을 만들려고 하다 보면 괴물이 탄생하게 된다. 최적의 해결 방안은 한 번에 만들어지지 않는다는 사실을 잊어서는 안 된다.

해결 방안을 한 번에 하나씩 적용해서 프로토타입Prototype을 만들고 소비자의 반응을 확인해서 피드백을 반영하여 최적의 방안을 찾아가는 것이 필요하다. 프로토타입이란 완성되지 않은 핵심 기능만 적용된 시제품 형태의 상품을 말하는 것으로, 종이로 상품 형태를 만들거나 또는 그려보는 페이퍼 프로토타입Paper Prototype부터 기본 기능만 작동하는 워킹 프로토타입Working Prototype까지 다양하다. 처음부터 모든 것을 적용하여 상품을 만들 경우 소비자의 반응을 확인하고, 피드백을 반영하여 상품을 수정하기 어렵다. 수정이 가능하더라도 비용이 많이 든다. 새로운 상품 개발이 아닌 사용 가치만 변경하여 소비자에게 새로운 상품으로 인지시키고자 하는 경우에도 마찬가지다. 변경 안을 확정하기 전에 기존의 상품 컨셉은 그대로 유지하고, 일부 상품에 대해서만 새로운 컨셉을 적용하여 테스트를 해보는 것이 필요하다. 변경된 상품 컨셉에 대한 소비자의 반응을 확인한 후에 전체 상품으로 확대 적용해야 한다.

지금까지 문제 해결을 위한 최적의 해결 방안을 수립하는 과정에 대해서 살펴보았다. 최적의 해결 방안을 도출하기 위해서는 먼저 문제 해결을 위한 다양한 아이디어를 발산하고, 발산된 아이디어를 사용 가치 중심으로 결합해서 컨셉으로 연결하고, 프로토타입을 만들어 시장에서 검증하는 '해결책 만들기' 과정을 거쳐야 한다. 해결책 만들기 과정에 대해서는 Chapter 06과 Chapter 07에서 상세히 설명해 놓았으며, 여기서는 최적의 해결 방안 도출 시 주의해야 할 세 가지 사항에 대해서만 언급하도록 하겠다.

- 아이디어는 하나, 둘 내는 것이 아니라 발산하는 것이다.
- 해결 방안에는 문제 해결 방법뿐 아니라 고객 가치가 명확히 들어 있어야 한다.
- 한 번에 모든 것을 해결하려고 하는 것은 아무것도 해결하려고 하지 않는 것과 같다.

첫째, 아이디어는 발산하는 것이다. 제약을 설정하고 문제 해결을 위한 아이디어를 생각하면 고정관념이라는 덫에서 벗어나지 못한다. 따라서 스스로 제약을 만들고 있지 않은지 확인해야 한다. 둘째, 해결 방안이 전달하는 사용 가치가 명확하지 않으면 소비자는 움직이지 않는다. 소비자는 사용 필요성 및 사용을 통해 얻을 수 있는 이득, 즉 고객 가치를 보고 사용 및 구매 여부를 결정한다. 따라서 해결 방안이 명확한 사용 가치를 전달하는지 고려해야 한다. 끝으로 어떤 문제이든지 한꺼번에 해결될 수 없다는 사실을 잊어서는 안 된다. 따라서 한 번에 하나씩 해결 방안을 추가하면서 시장에서 검증해야 한다. 한꺼번에 해결하려고 하는 것은 아무것도 해결하지 않겠다는 것과 같다.

공감을 형성하기 위해서는 소비자의 입장에서 그들을 이해하고 숨은 욕구 또는 해결하고자 하는 문제를 찾아 최적의 해결책을 제시해야 한다. 이는 [사람 이해하기], [문제 파악하기], [해결책 만들기]라는 공감 프로세스를 통해 가능하다.

사람을 이해한다는 것은 철저히 소비자의 입장에서 그들이 어떤 경험을 하고 있는지 살펴보고 소비자의 불편 사항, 니즈^{Needs} 등을 파악하는 것이다. 사람들은 자신의 불만, 어려움 등에 대해 쉽게 표현하지 않고, 동일한 불편도 처한 상황에 따라 다르게 느끼며, 말과 행동을 다르게 한다. 따라서 사람들을 이해하기 위해서는 사람들 속으로 들어가서 그들을 살펴보고(관찰하기), 이야기를 듣고(질문하기), 그들이 되어(경험하기) 보아야 한다.

다음으로 사람들이 해결하고자 하는 진짜 문제를 파악해야 한다. 사람들이 느끼는 불편, 어려움의 이면에는 원인이 되는 해결되지 않는 문제 또는 사람들의 충족되지 않은 니즈가 있다. 따라서 소비자들이 해결하고자 하는 진짜 문제 또는 숨은 니즈를 찾아내지 못하면 소비자와 공감을 형성하기가 어렵다. 이를 위해 '사람 이해하기' 과정을 통해 파악한 사람들이 느끼는 불편, 사람들이 보이는 행동, 사회·문화적 특징 등을 분석하고 융합하여 이면에 있는 사람들의 충족되지 않은 니즈, 즉 사람들이 해결하고자 하는 문제를 찾아내야 한다.

소비자들이 해결하고자 하는 문제를 찾았으면 최적의 해결 방안을 수립해야 한다. 최적의 해결 방안 수립은 문제 해결을 위한 다양한 아이디어를 발산하는 것에서 시작한다. 제약을 두지 않고 고정관념을 탈피한 다양한 아이디어를 맘껏 발산해야 한다. 충분한 아이디어가 발산되었으면 고객 가치를 중심으로 아이디어를 결합해서 컨셉을 도출해야 한다. 컨셉에는 누가, 언제, 어디서, 어떻게, 왜 사용해야 하고, 사용을 통해 얻을 수 있는 이득이 무엇인지 포함되어야 한다. 끝으로 해결 방안을 수립할 때는 한꺼번에 모든 문제를 해결하려고 해서도 안 된다. 한 번에 하나씩 해결 방안을 적용해서 사람들의 반응을 살피고 수정하는 반복적인 과정을 통해 최적의 해결 방안을 찾아가는 것이 필요하다.

Case Study 1

누구를 위하여 종은 울리나?

저자가 사는 동네, 아파트 단지 내에는 사람들이 자주 가는 A 베이커리[Bakery]가 있다. 유명 프랜차이즈점이 아닌 개인 사업자가 하는 그냥 평범한 베이커리이다. 이곳은 밤 10시가 되면 당일에 판매하고 남은 빵을 50% 할인된 가격으로 판매한다. 왜 50% 할인 된 가격으로 빵을 판매하는 걸까?

소비자들이 베이커리에 원하는 것은 맛있고 신선한 빵이다. 따라서 베이커리가 성공하기 위해서는 맛있고 신선한 빵을 제공해야 하고, 베이커리가 제공하는 빵, 즉 상품에 대해 소비자들이 공감해야 한다. 다시 말해, 빵 판매가 이루어지기 위해서는 소비자가 기대하는 '맛있음'과 '신선함'을 제공해야 하고, 또한 공감할 수 있도록 해야 한다. 판매자가 "맛있어요", "신선해요"라고 홍보를 한다고 할지라도 소비자가 인정하지 않으면 판매가 이루어지지 않는다. 그래서 A 베이커리가 선택한 방법은 밤 10시 이후 할인이다. 밤 10시 이후 할인을 통해 상품가치인 신선한 빵이라는 상품 컨셉을 보증하는 것이다.

'맛있음'이라는 상품가치는 먹어보면 쉽게 판단할 수 있지만, '신선함'이라는 상품가치는 먹는 것만으로 판단할 수 없다. 따라서 소비자들이 신선함이라는 상품가치를 직접 보거나 느낄 수 있도록 해주어야 한다. 이에 A 베이커리에서는 밤 10시 이후 할인 판매를 통해 소비자들, 즉 동네 주민들에게 "우리는 오늘 만든 빵을 절대 다음 날 팔지 않아요"라는 메시지를 전달하고 이를 통해 빵의 유통기한이 하루를 넘기지 않는다는 것을 보여줌으로써 신선함이라는 가치를 전달한다. 다시 말해 밤 10시 이후 할인 판매를 통해 "매일매일 갓 구운 빵만을 판매한다"는 이미지를 형성하고 더 나아가 신선함이라는 상품가치를 제공하는 것이다. 뿐만 아니라 동네 주민 입장에서는 밤 10시 이후에는 좀 더 저렴하게 빵을 구매할 수 있다는 장점도 있다.

결국, A 베이커리는 '밤 10시 이후 할인 판매'라는 방법을 통해 '신선함'이라는 상품가치를 소비자들이 느낄 수 있도록 하여 동네 빵집이라는 불리함을 딛고 주변 프랜차이즈와의 경쟁에서 살아남을 수 있었다.

PART 02

두 번째 질문

"공감을 위해
필요한 것은 무엇인가?"

Chapter 03

사람들 속으로 들어가라!

사람 이해하기	문제 파악하기	해결책 만들기
• 관찰 • 경험 • 질문	• 분석(Deep Dive) • 융합(Synthesis)	• 창의적 아이디어 • 컨셉(Concept)

사람을 이해하기 위해서는 사람들 속으로 들어가야 한다. 대부분의 사람은 불편한 점 또는 불만사항에 대해 잘 표현하지 않으며, 때로는 그들 스스로 무엇을 필요로 하는지 명확히 모를 때가 있다. 따라서 사람들 속으로 들어가서 직접 살펴보고, 경험해보지 않으면 사람들이 무엇을 필요로 하는지, 무엇을 불편해 하는지 알 수가 없다.

사람들 속으로 들어간다는 것은 사람들이 불편을 겪는 상황 속에서 직접 경험해 보거나 또는 사람들을 살펴보아야 한다는 의미다. Chapter 02에서 언급했던 것처럼 자료조사를 통해서는 사람들이 느끼는 불편, 부족함 등을 제대로 이해할 수 없다. 출퇴근 시간 지하철 9호선을 경험해 보지 않은 사람이 '지옥철'이라는 의미를 제대로 이해할 수 있겠는가? 그냥 머릿속으로 '사람이 많아서 복잡하겠지, 움직이기 힘들겠지' 정도의 느낌만 가질 뿐이다. 숨이 얼마나 턱턱 막히는지, 짐짝처럼 취급 받는 것이 무엇인지 등에 대해 정확히 알지 못한다.

다시 말해 사람들 속에서 직접 느끼지 않으면 사람들의 불편함 등을 머리로는 이해할 수 있을지 몰라도 가슴으로 느끼지는 못한다. 머리가 아닌 가슴으로 이해하기 위해서는 사람들 속으로 들어가서 사람들의 행동을 살펴보고(관찰하기), 사람들이 겪는 상황을 직접 경험해 보고(경험하기), 이야기를 들어 보아야(질문하기) 한다. 이와 같은 관찰하기, 경험하기, 질문하기 등은 공감을 이루기 위한 7가지 공감 도구 중 사람을 이해하기 위한 방법으로, 각 방법에 대해 지금부터 상세히 알아보자.

첫 번째 공감 도구 _ '관찰'

사람들 속에 들어가서 사람들이 어떤 상황에서 어떤 행동을 하는지 살펴보는 것을 관찰이라 한다. 관찰이 필요하다고 이야기하면 대다수는 마치 처음 듣는 말인 것처럼 반응한다. 관찰은 너무 친숙한 말이며 익숙한 방법이고, 누구나 한 번쯤은 해보았을 것이다. 어쩌면 지금도 매일하고 있을지도 모른다.

여러분은 초등학교 과학시간에 강낭콩 키우기 실험을 하고 관찰일지를 작성한 경험이 있을 것이다. 그때 어떻게 했는지 기억을 떠올려 보면 관찰이란 무엇이고 어떻게 해야 하는지 알 수 있다. 아마 매일 강낭콩을 살펴보고 얼마만큼 자랐는지, 어떻게 변화했는지 등에 대한 내용을 상세히 기록했을 것이다. 사람을 이해하기 위한 방법인 관찰 역시, 강낭콩 키우기 실험 관찰과 크게 다르지 않다. 특정 상황에서 사람들이 어떻게 행동하는지를 살펴보는 것이다.

강낭콩 실험 관찰 외에도 우리는 매일 일상생활에서 관찰하기를 직접 실행에 옮기고 있다. 아마 출퇴근 시간에 대중교통을 이용하면서 부지런히 사람들을 살펴볼 것이다. 잠을 자고 있는지, 책을 보고 있는지, 휴대폰을 보고 있는지, 음악을 듣고 있는지, 책을 보고 있다가 가방에 집어넣는지 등 사람들이 하는 행동을 천천히 살펴본다. 사람들의 행동을 살펴보면서 언제쯤 내릴 것인지 나름대로 예측을 한다.

관찰이란 대중교통에서 언제 내릴지 예측하기 위해 사람들을 살펴보는 것과 같다. 현재 어떤 상황인지, 사람들이 어떤 행동을 하는지, 특이한 점은 무엇인지 등을 살펴보는 것이 관찰이다. 단순히 사람들이 무엇을 하는지 보는 것이 아니라 유의미한 사람들의 행동 패턴, 특이점 등을 파악하는 것이 관찰이다. 단순히 사람들이 지하철에 타고 내리고, 손잡이를 잡고 서 있는 것을 보는 것을 관찰이라고 하지는 않는다. 지하철에 타고 내릴 때 무엇을 하는지, 손잡이를 잡고 서 있을 때 무엇을 하는지를 살펴보는 것이 관찰이다. 이 둘에는 어떤 차이점이 있을까? 전자는 사람들의 행동을 보는 것이지만, 후자는 행동과 함께 그것이 의미하는 것까지 같이 보는 것이다. 지하철에 타고 내리는 것은 이동하기 위한 행동일 뿐 다른 의미를 갖지 않는다. 반면에 지하철에 타고 내릴 때 가방을 꼭 끌어안는 행동을 보인다고 하면, 이는 가방을 놓치지 않기 위해서라는 의미를 포함하고 있는 것이다.

따라서 관찰을 할 때는 단순히 사람들의 행동만을 보지 말고 행동의 의미까지 함께 보아야 한다. 이를 위해서는 사람의 행동을 그냥 보는 것보다 프레임^{Frame}을 통해 사람들이 보이는 행동, 상호작용 등을 주의 깊게 살펴보는 것이 필요하다. 프레임이란 관찰 시 살펴보는 일정 형태의 틀로서 관찰 방법이라고 말할 수 있다. 상황이나 행동을 어떤 프레임으로 보느냐에 따라 얻고자 하는 결과가 달라질 수 있어 올바른 프레임을 활용하는 것이 중요하다.

관찰을 잘하기 위해서는 프레임 외에도 바른 관찰 태도가 필요하며, 또한 반드시 살펴보아야 할 포인트를 놓쳐서는 안 된다. 이와 같은 관찰 틀, 태도, 포인트 등을 관찰을 위해 반드시 갖추어야 할 관찰요소라고 한다.

왜 관찰인가?

관찰 방법, 관찰 태도, 관찰 포인트 등 관찰 3요소에 대해 알아보기 전에 먼저 왜 꼭 관찰을 해야 하는지, 왜 관찰이 중요한지 살펴보도록 하자.

〈Start with Why〉의 저자인 사이먼 사이넥^{Simon Sinek}에 따르면 행동을 결정하는 의사결정의 뇌와 언어 표현을 결정하는 언어의 뇌는 다르다고 한다. 행동 결정과 언어 표현의 뇌가 다르기 때문에 사람들은 자기가 한 행동의 이유에 대해 설명을 잘하지 못한다고 한다. 때문에 사람들은 자신의 행동에 대해 전혀 설명을 하지 못할 뿐만 아니라 종종 자신이 어떤 행동을 했는지 알지 못한다고도 한다. 왜 이런 현상이 나타나게 되는 것일까? 행동이 일어나는 과정에 대해 살펴보자.

행동이 일어나기 위해서는 사람들이 처한 상황을 먼저 해석하고, 상황에 맞는 행동을 결정한 다음, 행동으로 옮기는 일련의 행동 프로세스를 거쳐야 한다. 그런데 특정 상황에 익숙해지면 이러한 행동 프로세스를 거치지 않고 바로 행동이 일어나게 된다. 사람의 뇌는 익숙한 상황에 부딪치면 어떤 행동을 할 것인가 하는 의사결정 과정을 거치지 않고 기존에 최적화된 행동을 하도록 명령하게 된다. 무의식적으로 행동이 일어나게 되는 것이다. 따라서 행동 프로세스를 거치지 않고 행동이 발생한 경우 사람들은 자신의 행동에 대해 잘 설명하지 못한다. 특히, 습관적으로 반복되는 행동에 대해서는 스스로도 잘 알지 못하는 경우가 많다.

예를 들어 소비자들에게 빨래가 깨끗하게 되었다는 것을

무엇으로 판단하는지에 대해 물어본다고 가정해 보자. 빨래는 소비자들에게 반복적으로 발생하는 행동이기 때문에 자신들이 정확히 어떤 행동을 하는지, 그런 행동을 왜 하는지 잘 모를 때가 많다. 따라서 소비자들의 답변은 각양각색일 것이다. 어떤 사람은 세탁기가 해주기 때문에 신경 쓰지 않는다고 이야기할 것이고, 어떤 사람은 헹굼 세탁을 한 번 더 한다고 이야기할 것이며, 어떤 사람은 옷의 색깔로 판단한다고 이야기할 것이다. 어느 것이 맞을까? 소비자의 답변이 너무 다양해서 정확히 판단할 수 없다.

반면에 소비자들이 빨래를 하는 과정을 관찰해 보면 쉽게 알 수 있다. 실제로 소비자들을 관찰해 본 결과, 소비자들은 손으로 직접 빨래를 하든, 세탁기로 빨래를 하든 공통적으로 한 가지 행동 패턴을 보인다. 많은 소비자가 빨래가 끝난 후에 세탁물의 냄새를 맡아보거나 손으로 만져보는 모습을 보인다. 손으로 만져보고 세제가 남아 있는지 확인하거나, 냄새를 맡아보고 빨래에서 어떤 냄새가 나는지 확인하는 것이다. 이와 같은 행동은 흔히 소비자 조사에서 이루어지는 면접조사, 집단면접조사 등으로는 확인하기 힘들며, 소비자 관찰을 통하지 않고서는 파악하기 어려운 행동이다.

따라서 사람들의 행동을 파악하고 이면에 있는 행동의 근본적인 이유, 사람들이 느끼는 불편, 문제 등을 파악하기 위해서는 관찰이 기본이 되어야 한다. 물론, 특정 행동을 하는 이유에 대해 계속해서 물어본다면 다양한 이유를 들을 수는 있을 것이다. 그러나 이는 사람들이 행동을 하는 여러 가지 이유 중의 일부일 뿐 근본적인 이유는 되지 못한다. 관찰을 통해 행동의 이유를 찾아야 한다.

관찰 틀[Frame]이란 앞서 이야기했듯이 관찰하고자 하는 대상, 상황 등을 살펴보는 일정 형태의 방법으로 세상을 보는 눈이라고 할 수 있다. 또한 관찰 틀은 현장에서 일어나는 상황을 파악하고 분석하는 도구이기도 하다. 관찰 틀에는 5W1H, AEIOU, POEMS 등 다양한 틀이 있다. 과찰 틀 사용에는 정답이 없다. 관찰 상황 및 목적에 맞는 방법을 선택해서 활용하면 된다.

5W1H는 우리가 잘 알고 있는 육하원칙에 따라 상황을 살펴보고 정리하는 방법으로 누구나 쉽게 사용할 수 있으며, 별도의 스킬[Skill]이 필요하지 않아 초보자도 쉽게 활용할 수 있는 가장 기본적인 관찰 틀이다. 언제[When], 어디서[Where], 누가[Who], 왜[Why], 어떻게[How] 행동을 하고, 무엇[What]과 상호작용을 하는지 등에 대해 살펴보면 된다. 각 항목별로 관찰해야 할 주요 내용은 다음과 같다.

* 언제^{When}, 어디서^{Where} : 시간, 장소 등 사람들의 특정 행동이 발생하는 상황

* 누가^{Who} : 특정 행동을 하는 사람들, 구체적으로 작성

* 어떻게^{How} : 사람들이 보이는 특정 행동

* 왜^{Why} : 특정 행동을 하는 이유

* 무엇^{What} : 특정 행동을 보이는 사람들과 상호작용을 하는 사람 또는 사물

다음은 5W1H를 기본으로 지하철 내 이동 상황을 관찰한 내용이다. 관찰 틀을 이용하지 않고 관찰하는 것보다 훨씬 더 많은 사항을 확인할 수 있으며, 이를 5W1H로 정리하면 다음과 같다.

■ 지하철 내 상황

"아침 출근길에 지하철에 급히 탄 승객들이 원하는 지하철 객차로 옮기기 위해 지하철 내에서 다른 승객들 사이를 헤집고 움직이고 있음. 백팩 Back pack을 맨 다른 승객들과 부딪히지 않기 위해 요리저리 피하면서 이동하고 있음. 백팩이 지하철 통로를 막고 있는 장애물이 되어 움직이기가 쉽지 않음. 이에 몇 몇 사람은 백팩을 손으로 밀치면서 이동함."

* 언제^{When}, 어디서^{Where} : 아침 출근길 지하철에서

* 누가^{Who} : 지하철에 급히 탄 승객들

* 어떻게^{How} : 다른 승객들 사이를 헤집고, 백팩^{Back pack}을 손으로 밀치면서

* 왜^{Why} : 원하는 지하철 객차로 옮기기 위해

* 무엇^{What} : 다른 승객, 백팩

AEIOU는 혁신 컨설팅^{Innovation Consulting} 회사인 도블린^{Doblin}에서 개발한 것으로 사용자와 사용자의 주변 상황을 살펴보는 관찰 방법이다. AEIOU는 행동^{Activity}, 환경^{Environment}, 상호작용^{Interaction}, 도구^{Objects}, 사용자^{Users} 등을 중심으로 관찰하고 패턴을 찾아 분석하는 방법으로 상황을 이해하는 데 도움이 되며, 사진, 동영상 촬영 등과 연계하는 것이 필요하다.

• Activity : 사람들이 보이는 행동

• Environment : 사람들의 활동이 이루어지는 전체적인 공간

• Interactions : 사람과 사람 또는 사람과 사물 사이에서 벌어지고 있는 상호작용을 의미

• Objects : 사람들이 현재 사용하고 있는 도구 또는 장치로 활동과 어떻게 연결되는지 파악

• Users : 관찰되고 있는 사람들

POEMS는 일리노이 공과대학교[Illinois Institute of Technology] 디자인대학원과 디자인연구소[Institute of Design]의 비제이 쿠마[Vijay Kumar] 교수가 주창한 관찰 방법으로 사용자 행동을 살펴보는 방법이다. POEMS는 사용자[People], 사용하는 물건[Objects], 행동이 발생하는 장소[Environment], 사용하는 콘텐츠[Message/Media], 사용하는 서비스[Service] 등을 중심으로 관찰하고 분석하는 방법으로 많은 양의 관찰 데이터[Data]를 분류하고 정리할 때 효과적이다.

관찰의 모든 것 _ 관찰자의 자세

관찰을 하기 위해서 적합한 관찰 틀을 통해 살펴보는 것도 중요하지만, 그보다 더 중요한 것은 관찰에 임하는 관찰자의 바른 자세다. 올바른 관찰 방법을 활용해서 관찰하더라도 관찰자가 바른 자세로 관찰에 임하지 않으면 많은 사항을 놓치게 된다. 따라서 관찰을 실행하기 전에 관찰자가 가져야 할 바른 자세가 무엇인지 잘 알고 숙지해야 한다.

관찰이란 기록이다

관찰은 눈으로 살펴보는 것으로 끝나는 것이 아니다. 기록되어야 한다. 사람들의 행동, 특이사항, 주변 환경 등 관찰을 통해 살펴본 모든 것을 전부 머리에 저장할 수는 없다. 관찰한 것들이 기록되지 않으면 추후 소비자의 불편사항, 숨은 욕구 등을 찾기 위한 분석 과정에서 관찰한 내용을 참조할 수 없다. 사람들이 해결하고자 하는 진짜 문제를 찾는 과정에서 관찰한 내용들을 다시 살펴보게 된다.

관찰한 내용은 관찰 틀을 기준으로 기록해야 한다. 관찰은 AEIOU를 활용하고, 기록은 5W1H를 중심으로 해서는 안 된다. 또한 기록은 관찰 현장에서 관찰 틀에 맞추어 작성하는 것이 좋다. 현장에서 기록이 어려울 경우는 가능한 관찰한 내용을 상세히 메모하고 나중에 틀에 맞추어 작성해도 된다.

관찰이란 사진이다

관찰할 때 잊지 말아야 할 것은 사진 촬영이다. 사진은 관찰자가 살펴본 사실에 대해 확인을 시켜주고, 관찰 내용을 상기시켜주는 중요한 도구다. 또한 관찰한 내용을 다른 사람에게 설명할 때 상황에 대한 이해를 도와주기도 한다. 따라서 사진은 관찰할 때 굉장히 신경 써야 할 부분 중 하나로 사진 품질이 좋지 않으면 유의미한 소비자 행동을 놓칠 수도 있다. 사진을 촬영할 때는 다음 사항을 반드시 지켜야 한다.

• 관찰 포인트^{Point}를 중심으로 촬영해야 한다.

• 한 번에 하나씩 촬영을 해야 한다.

• 관찰 장소 전체 전경을 촬영해야 한다.

• 사진은 최대한 디테일^{Detail}하게 촬영해야 한다.

• 촬영 시점을 바꿔야 한다.

첫째, 사진은 특이사항 등 관찰 포인트를 중심으로 촬영해야 한다. 관찰 포인트에 대해서는 뒤에서 따로 설명하였다. 사람들의 모든 행동, 관찰하는 모든 사실을 촬영할 필요는 없지만, 유의미한 행동, 관찰 현장의 상황 등은 꼭 촬영해야 한다. 사람들의 진짜 문제를 찾는 과정에서 소비자의 의미 있는 행동, 상황 등이 사진으로 상기될 수 있다.

둘째, 한 번에 하나씩 촬영을 해야 한다. 한 화면에 너무 많은 내용을 담으려고 해서는 안 된다. 사진의 목적은 관찰 내용을 다른 사람과 공유하고, 사람들이 해결하고자 하는 문제를 찾는 과정에서 관찰 내용을 기억하기 위해서이다. 따라서 한 화면에 한 가지 내용을 담아야 한다. 한 화면에 여러 내용이 들어 있으면 혼동이 발생하기도 하고 다른 사람에게 설명하기도 어렵다.

셋째, 관찰 장소 전체 전경을 촬영해야 한다. 사진을 통해 관찰 현장의 상황, 사람들의 행동 배경을 느낄 수 있도록 하는 것이 필요하다. 앞서 언급했듯이 사진 촬영의 목적이 공유 및 상기에 있다는 사실을 잊어서는 안 된다.

넷째, 최대한 접사를 해야 한다. 촬영하고자 하는 사람 또는 사물에 최대한 접근해서 촬영해야 한다. 디테일Detail한 상세내용까지 촬영이 되어야 의미 있는 행동 패턴, 사람과 사람 또는 사람과 사물의 상호작용까지 알 수 있다.

다섯째, 관찰 시점을 바꿔서 촬영해야 한다. 2차원적인 시선으로 사람들의 행동, 상황 등을 바라보면 유의미한 행동, 특이점 등을 확인하기 어렵다. 때로는 3차원적인 시선에서의 사진 촬영이 필요하다. 위에서 바라보거나 아래서 위를 본 모습 등 시점을 최대한 이용해야 한다.

관찰이란 집중이다

사람들의 행동은 똑같이 반복되지 않는다. 따라서 관찰할 때 사람들의 행동을 놓치지 않도록 집중해서 살펴보아야 한다. 마치 벽에 붙어서 움직이지 않는 파리처럼 말이다. 한곳에서 움직이지 않고 여러 사람의 행동을 관찰하는 것이 필요하다. 관찰자가 흔히 저지르는 실수 중 하나가 한곳에서 집중해서 관찰하지 않는다는 것이다. 특정 한두 사람이 보인 행동을 모든 사람이 다 할 것이라는 가정을 하기 때문에 한곳에서 집중해서 관찰하지 않는다. 사람들은 다 다르게 행동을 한다. 따라서 한곳에서 집중해서 관찰하지 않으면 공통적인 행동 패턴을 파악하기 어렵다.

특정 행동을 발견하면 정말 특이 사항인 것인지 아니면 사람들이 보이는 행동 패턴인지 확인해야 한다. 특정 행동은 다른 사람들은 전혀 보이지 않는 한두 사람만의 특이한 행동일 수 있다. 예를 들어 여러분이 대형 마트에서 상품은 구매하지 않고 매대 주변을 빙빙 돌고 있는 사람을 보았다고 가정해 보자. 이런 행동은 사람들이 보이는 일반적인 행동 패턴일까? 아니면 특정 사람 한두 명만 보이는 행동일까? 아마 판단할 수 없을 것이다. 한두 사람이 아닌 다른 사람들의 행동도 살펴보아야 판단할 수 있을 것이다. 따라서 관찰할 때는 한 장소에서 움직이지 않고 가능한 많은 사람이 보이는 행동을 관찰하는 것이 필요하다.

관찰이란 보는 것Look 듣는 것Listen이다

관찰이란 사람들의 행동, 상황 등을 보고See 듣는Hear 것이 아니라, 보고Look 듣는Listen 것이다. 보고 듣는 것See & Hear과 보고 듣는 것Look & Listen이 똑같이 보고 듣는다는 말이지만 의미는 다르다. See와 Hear는 별다른 노력을 하거나 주의를 기울이지 않아도 보이고 들리는 것이다. 지금 이 책을 보고 있는 여러분 앞에 누군가 지나가는 것이 보이고, 귀에 음악 소리가 들린다면 그건 그냥 보이고 들리는 것이다. 반대로 Look과 Listen은 적극적으로 주의를 기울여 보고 듣는 것이다. 여러분 앞을 조금 전에 지나간 사람이 누구인지 확인하려고 고개를 돌려서 보고, 들리는 음악이 어떤 것인지 확인하기 위해 귀를 기울이는 것이 보고 듣는 것이다.

보이고[See] 들리는[Hear] 것은 기억이 오래가지 못한다. 주의를 기울이지 않았기 때문에 정확히 파악하기도 어렵고 시간이 조금만 지나면 금방 잊어버리게 된다. 어제 또는 오늘 출근 시간에 여러분 앞을 지나간 사람을 떠 올려보면 잘 기억이 나지 않을 것이다. 반면에 어제 또는 오늘 출근 시간에 관심이나 호기심이 생겨 유심히 살펴보았거나 자세히 보았던 것들을 떠올려 보면 금방 기억날 것이다. 들었던 것도 마찬가지이다. 주의를 기울여 들었던 것은 기억이 나지만, 그냥 들렸던 것들은 기억나지 않을 것이다.

관찰을 하는 이유는 사람들의 행동, 상황, 상호작용 등을 살펴보고 사람들의 불편, 어려움 등 해결하고자 하는 문제를 파악하는 데 있다. 따라서 관찰을 하기 위해서는 보고[Look] 들어[Listen]야 한다. 적극적으로 보고 들었을 때 사람들의 행동이 보이고 그들의 이야기가 들린다. 별다른 노력을 기울이지 않아도 그냥 보이고[See] 들리는[Hear] 관찰이 되어서는 안 된다.

관찰이란 Zoom-in/out의 반복이다

사진 촬영할 때 초점이 잘 맞지 않아 피사체가 흐릿하게 보일 경우 어떻게 하나? 아마 조리개를 움직여 초점을 맞출 것이다. 스마트폰으로 사진 촬영할 때도 동일하게 줌^{Zoom} 기능을 사용하여 조절할 것이다. 피사체가 너무 멀리 떨어져 있어 잘 보이지 않으면 줌 인^{Zoom-in}을 해서 피사체를 앞으로 당기고, 반대로 피사체가 너무 가까이 있어 화면 전체를 가로막고 있거나 전체 전경이 가려진다면 줌 아웃^{Zoom-out}을 해서 피사체를 밀어낸다. 즉, 좋은 사진을 촬영하기 위해 줌 인, 줌 아웃^{Zoom-in, Zoom-out}을 최대한 활용하는 것이다.

좋은 사진을 촬영하기 위해 줌 기능을 활용하는 것처럼 관찰할 때 적절히 줌 기능을 활용해야 한다. 사람들의 행동, 상호작용 등 관찰 현장에서 보이는 것들을 세밀히 파악하고자 할 때는 관찰의 줌 인 기능을 사용해야 한다. 장소를 검색할 때, 시에서 구로, 구에서 동으로, 동에서 거리로, 거리에서 반경 500m 내로, 다시 반경 1m 내로 범위를 줄이면서 살펴보는 것처럼, 관찰할 때도 지속적으로 줌 인을 해 나가는 것이 필요하다. 관찰되는 사람들은 누구인지, 그 사람들이 보이는 행동은 무엇인지, 행동이 구체적으로 어떻게 되는지, 행동의 이면에 무엇이 있는지 등 계속해서 범위를 좁혀가면서 관찰해야 한다. 범위를 좁혀가면서 최대한 가까이

근접해서 살펴보게 되면 보이지 않던 것들도 볼 수 있게 되고, 무심코 지나쳤던 것들도 새롭게 볼 수 있게 된다. 결국 사람들의 작은 행동 하나하나까지도 세세히 보게 되어 그냥 봐서는 파악할 수 없는 사람들의 행동 패턴 및 행동의 이유를 파악할 수 있게 된다.

줌 아웃도 적극적으로 활용해야 한다. 줌 인을 통해 범위를 좁혀서 최대한 좁게 들여다보았으면 최대한 멀리 떨어져서 볼 필요도 있다. 주변 1m에서 거리로, 거리에서 동으로, 동에서 구로, 구에서 시로, 시에서 나라로 범위를 확대해 나가는 것처럼, 줌 아웃을 계속해 나가면서 소비자의 행동에서 시작해서 행동이 발생하는 상황으로, 상황에서 세대적 특성으로, 사회·문화적 특성으로 관찰의 범위를 확대해 나가야 한다. 사람들의 작은 행동을 관찰하는 것도 중요하지만, 행동의 배경 또는 이유가 되는 사회·문화적 환경 등에 대해서도 확인해 보는 것이 필요하다.

POBS를 찾아라! _ 관찰 포인트

올바른 관찰을 위해 알아야 할 3번째 요소는 관찰 포인트 Point이다. 관찰 포인트란 관찰할 때 주의 깊게 살펴보아야 하는 것들이다. 관찰 틀이 관찰 현장을 바라보는 눈이라면 관찰 포인트는 눈으로 확인해 보아야 할 구체적인 행동, 상태 등을 의미한다. 관찰을 통해 반드시 살펴보아야 할 구체적인 관찰 포인트는 다음의 4가지로, 각 관찰 포인트의 영문 앞 글자를 따서 POBS로 정의할 수 있다.

- Pattern (사람들이 보이는 행동 패턴은 있는가?)

- Others (다른 용도로 사용하고 있는 것이 있는가?)

- Bothering (행동을 불편하게 하거나 어렵게 하는 것이 있는가?)

- Surprise (놀랍게 하는 것들이 있는가?)

반복되는 행동

대형 마트를 이용하는 중국 소비자의 소비 행태를 파악하기 위해 중국 상해에서 소비자조사를 진행했던 적이 있었는데, 관찰을 통해 대형 마트에서 보이는 소비자들의 몇 가지 흥미로운 행동을 볼 수 있었다. 상해의 소비자들은 상품을 구매하기 전에 하나같이 상품의 뒷면을 유심히 살펴보면서 원산지, 제조일, 성분 등을 꼼꼼히 확인했다. 더욱 흥미로웠던 것은 닭 모래주머니를 구입할 때 보이는 소비자 행동이었다. 닭 모래주머니를 직접 손으로 만져보면서 일일이 확인하고 직접 현장에서 껍질을 벗기고 구매했다.

소비자들이 이러한 행동을 하는 이유에 대해서는 지속적인 관찰조사 및 소비자 인터뷰를 통해 확인할 수 있었는데 다음과 같았다. 소비자 조사 당시만 해도 상품 품질에 대한 신뢰가 부족하여, 소비자 입장에서는 믿고 살 수 있는 상품인지 확인이 꼭 필요했으며, 닭 모래주머니의 경우는 판매가 무게 단위로 이루어지기 때문에 구매 전 미리 껍질을 벗기는 것이 더 저렴하게 구매할 수 있는 방법이었다.

이와 같이 사람들은 특정 상황에서 동일한 행동을 보이는 경향이 있는데, 이를 '행동 패턴'이라고 한다. 행동 패턴은 특정 상황에서 여러 사람에게서 동일하게 반복적으로 나타난다. 중국 상해의 관찰조사에서 소비자들이 보이는 상품 뒷면을 보고 원산지, 성분 등을 확인하는 행동, 닭 모래주머니 구입 시 손으로 만져보고 확인을 하는 행동, 껍질을 벗기고 구매를 하는 행동 등이 여기에 해당된다.

행동 패턴은 자신들이 처한 문제를 해결하기 위한 사람들의 반복 행동에 의해 나타나기도 하고, 행동유도장치에 의해 나타나기도 한다. '행동유도장치'란 사람들의 특정 행동을 유발시키는 장치로 사람들의 행동을 유도한다. 복도 바닥에 방향 표시가 되어 있으면, 사람들은 방향과 관련하여 이야기를 듣지 않아도 화살표를 따라 이동하게 되고, 지하도로 내려가는 계단 위에 빈 컵이 있으면 뒤에 오는 사람들도 별 거리낌 없이 빈 컵을 올려놓게 된다. 바닥에 표시된 화살표, 계단 위에 놓인 빈 컵 등이 행동유도장치가 되어 사람들의 행동을 유도하는 것이다.

다른 용도로 사용하는 것

여러분은 혹시 머그잔을 연필꽂이로 사용하고 있지 않은가? 머그잔은 물 또는 음료수를 마실 때 사용한다. 그런데 많은 사람이 머그잔의 본래 용도와 다르게 연필꽂이로 사용한다. 왜 그럴까? 머그잔은 연필꽂이로 사용하기에 다른 무엇보다 더 편하다. 입구가 넓어서 연필을 꽂거나 빼내기가 편하고, 주변에서 쉽게 구할 수 있다.

또한, 주변에서 책을 쌓아 놓고 그 위에 컴퓨터 모니터를 놓고 사용하는 모습을 종종 볼 수 있다. 사람마다 원하는 컴퓨터 모니터의 높이는 다르지만, 모니터의 높낮이는 대부분 동일하고 조절할 수 없게 되어 있다. 그래서 높낮이를 조절할 수 없는 모니터의 불편을 해결하기 위해 책을 이용한다.

이와 같이 사람들은 자신이 갖고 있는 불편, 어려움 등을 해결하기 위해 스스로 다양한 해결책을 만들어서 사용한다. 따라서 관찰할 때 본래 용도가 아닌 다른 용도로 사용하고 있는 것들이 무엇인지 찾아보아야 한다. 본래 용도가 아닌 다른 용도로 사용하고 있는 것들을 살펴보면 부족한 것이 무엇인지 또는 불편한 것이 무엇인지 알 수 있다.

행동을 방해하는 것

관찰을 통해 파악해야 할 포인트는 사람들이 단순히 느끼는 감정상의 불편보다는 행동을 수행하는 데 있어서 느끼는 불편, 어려움이어야 한다. 예를 들어 대형 마트를 이용할 때 소비자들이 느끼는 '사람이 많아 복잡하다'라는 불편이 있다고 가정해 보자. 사람이 많아 복잡하다는 불편은 특정 행동 수행과 관련된 불편이라기보다 감정상의 불편이다. 반면에 앞서 언급한 중국 소비자의 소비행태에서와 같이 상품 품질을 확인하려고 할 때 느끼는 불편 사항인 불분명한 성분 표시, 일일이 상품 뒷면을 확인해야 하는 번거로움 등은 상품 품질 확인이라는 특정 행동을 수행할 때 느끼는 불편이다. 어떤 불편을 해결해 주어야 할까?

상품 품질을 확인하고자 할 때 느끼는 불편은 행동적 욕구^{Activity Needs}에 해당되는 것으로 상품 개발 및 판매를 위해 파악해야 할 욕구이다. '사람이 많아 복잡하다'와 같이 특정 행동 수행과 연관이 되지 않는 불편은 '배가 고프다'와 같은 수준의 일반적 욕구^{Common Needs}로서 상품 개발 및 판매보다는 기업의 지향점 및 사명^{Mission}과 연관이 높아 소비자들과 공감을 형성하기가 어렵다. 욕구에 대한 상세한 내용은 Chapter 02를 참조하기 바란다.

사람들이 공감하는 상품을 개발하고 판매하기 위해서 파악해야 할 것은 행동적 욕구, 즉 특정 행동을 수행할 때 느끼는 욕구이다. 따라서 관찰을 통해 파악해야 할 포인트는 행동적 욕구 충족을 방해하거나 어렵게 하는 불편이다.

놀라운 것

자동차에 노트북을 설치해서 사용하는 모습을 본 적이 있는가? 오래전이지만 자동차 관련 고객조사를 진행할 때 본 적이 있다. 소비자 중 한 명이 운전석 옆에 노트북을 설치(그냥 잠깐 갖다 놓은 수준이 아니라 고정장치로 설치를 해놓았으며, 노트북은 탈부착)하고 자동차 안에서 영화를 보고, 음악을 들으며 심지어는 이동 중 차가 잠시 정차했을 때 노트북을 사용하기까지 했다. 지금은 스마트폰으로 차 안에서 음악을 듣고, 영화를 보며, 검색 등 다양한 기능 활용이 가능하지만, 당시만 해도 차 안에서 영화를 본다는 것은 쉽게 생각할 수 있는 것이 아니었다. 시간이 꽤 흐른 지금 생각해도 노트북을 차 안에 설치했다는 것은 놀랍기만 하다.

왜 차 안에 노트북을 설치했을까? 다른 사람에게 방해를 받지 않고 혼자 좋아하는 영화를 보고, 음악을 듣고 싶어서 노트북을 설치했다는 이야기를 들었다. 혼자 사는 1인 가구가 아니라면, 집에서 영화를 보거나 음악을 듣는 것이 쉽지 않다. 아무래도 방해를 받게 된다. 그래서 방해 받지 않고 영화 또는 음악을 즐기기 위한 혼자만의 공간으로 차를 선택한 것이다.

관찰을 하다 보면 차에 노트북을 설치하는 것과 같이 일반적으로 전혀 예상하지 못한 놀라운 광경들을 보게 된다. 사람들은 불편을 해소하기 위해 또는 자신들이 원하는 것을 이루기 위해 스스로 다른 영역에서 적용되는 해결 방안을 활용하거나 또는 색다른 방법을 고안해 낸다. 따라서 관찰할 때 전혀 예상하지 못한 방식으로 문제를 해결하고 있거나 특정 행동을 수행하는 경우가 있는지 확인해 보는 것이 필요하다. 예상외의 문제 해결 방식을 통해 사람들의 숨은 욕구 또는 사람들이 겪는 불편이 무엇인지 알 수 있다.

관찰이란 단순히 사람들이 어떤 행동을 하는지 보는 것이 아니라, 행동 패턴, 특이점 등을 살펴보고 그 이면에 있는 사람들의 욕구를 파악하고자 하는 공감 도구이다.

관찰 틀이라는 방법을 통해 사람들의 행동, 상호작용, 상황 등을 관찰해야 행동 패턴, 특이점 등을 파악할 수 있다. 관찰 틀에는 5W1H, AEIOU, POEMS 등이 있으며 관찰 목적 또는 상황에 맞게 활용하면 된다. 5W1H는 육하원칙을 중심으로 상황을 살펴보고 정리하는 방법으로 초보자도 쉽게 활용할 수 있다. AEIOU는 사용자와 사용자의 주변 상황 및 상호작용을 살펴볼 때 효과적인 방법으로 상황을 이해하는 데 도움이 된다. POEMS는 사용자 행동을 중심으로 살펴보는 방법으로 많은 양의 관찰 Data를 분류하고 정리할 때 효과적이다.

관찰을 수행할 때는 올바른 관찰 틀 외에도 관찰자의 바른 자세가 중요하다. 올바른 관찰은 눈으로 보고 끝나는 것이 아니라 기록되어야 하며, 관찰 현장에서 관찰 틀에 맞춰 작성해야 한다. 두 번째로 관찰은 사진이다. 사진은 관찰 내용을 상기시켜주고 상황에 대한 이해를 도와준다. 사진을 촬영할 때는 관찰 포인트를 중심으로 한 번에 하나씩, 최대한 디테일하게 촬영해야 하며, 동일 시점보다는 다양한 시점에서 촬영해야 한다. 세 번째로 집중해서 관찰해야 한다. 한곳에서 움직이지 않고 여러 사람을 관찰하여 특정 행동의 특이성 여부를 판단하는 것이 필요하다. 네 번째로 관찰은 의도와 목적을 가지고 보고 들어야 한다. 보이고^{See}, 들리는^{Hear} 것이 아니라, 보고^{Look} 들어야^{Listen} 사람들의 행동이 보이고 그들의 이야기가 들린다. 끝으로 관찰할 때는 카메라 조리개처럼 줌 인[Zoom-in], 줌 아웃[Zoom-out]을 적절히 활용해야 한다. 줌 인을 통해 사람들의 겪는 불편, 어려움 등을 느껴야 하고, 때로는 줌 아웃을 통해 행동의 배경 또는 이유가 되는 사회·문화적 특징을 확인해야 한다.

마지막으로 관찰은 관찰 포인트를 중심으로 진행되어야 한다. 관찰 포인트는 관찰을 통해 살펴보아야 할 구체적 행동으로, 반복되는 행동, 본래의 용도가 아닌 다른 용도로 사용되는 것, 특정 행동을 수행할 때 느끼는 불편과 어려움, 전혀 생각하지 못했거나 예상하지 못했던 방식의 문제 해결 등이 있다.

두 번째 공감 도구 _ '경험'

사람들의 충족되지 않은 욕구, 불편 등을 파악할 수 있는 가장 효과적인 방법은 직접 경험해 보는 것이다. 출퇴근 시간의 지하철 9호선을 경험해 보지 않고 '지옥철'이라는 용어에 완전히 공감할 수 없듯이, 직접 경험하지 않고는 사람들이 겪는 불편, 어려움 등을 완전히 이해할 수는 없다.

2년 전에 왼쪽 다리를 다쳐 깁스를 했던 적이 있다. 깁스를 하니 불편한 것이 한두 가지가 아니었다. 잠자는 것, 이동하는 것 등 어느 것 하나 불편하지 않은 것이 없었다. 그중에서도 특히 버스를 타고 내릴 때가 정말 불편했다. 깁스를 한 상태라 움직임이 자유롭지 않아 버스에 타고 내리기가 쉽지 않았으며, 남들보다 시간도 오래 걸렸다. 무엇보다 더 힘들었던 것은 남들 눈치였다. 버스에 타고 내릴 때 나 때문에 다른 사람들이 방해 받는 것 같아 미안한 생각이 들었다. 만약 내가 깁스를 했던 경험이 없었다면 노약자 또는 몸이 불편한 사람이 대중교통을 이용할 때의 불편함을 알 수 있었을까? 아마 제대로 이해하지 못했을 것이다. 움직임이 불편하다 정도는 경험 없이도 충분히 알 수는 있을 수 있지만, 다른 사람들 눈치를 보게 된다는 사실까지는 알기 어려웠을 것이다.

이와 같이 스스로 직접 경험해 보지 않으면 알 수 없는 것이 많다. 특히, 사람들이 느끼는 감정은 직접 경험해 보지 않으면 알 수 없다. 그래서 현장에서의 경험 없이, 겉모습만 보고 만들어진 많은 상품, 서비스 그리고 공공정책들이 피부에 와 닿지 않는 경우가 많다.

경험은 선택이 아닌 필수다

세상을 바꾸려는 노력

정책 또는 서비스를 개발하는 사람들에게 '경험하기'는 반드시 거쳐야 하는 필수과정이다. 특히 노약자, 또는 몸이 불편한 사람들을 위한 정책, 서비스를 만들 때는 직접 그들이 되어 다양한 경험을 해야 한다. 책상에 앉아서 그냥 머릿속에서 생각나는 대로, 또는 다른 사람들 이야기만 듣고 그들을 위한 정책, 서비스를 개발해서는 안 된다. 직접 경험해 보지 않고는 그들이 어떤 불편을 겪는지, 어떤 감정을 느끼는지 알기 어렵다. 그들이 되어서 대중교통도 이용해 보고, 공중 시설도 이용해야 한다. 그래야 필자의 경우처럼 무엇이 불편한지, 무엇이 필요한지 등을 명확히 알 수 있게 된다.

패트리샤 무어Patricia Moore의 이야기는 '경험하기'가 어떻게 세상을 바꿀 수 있는지 여실히 보여주고 있다. '소리가 나는 주전자', '바퀴 달린 가방', '양손잡이용 가위', '저상버스' 하면 무엇이 떠오르는가? 위 품목들은 노인들이 편히 사용할 수 있도록 패트리샤 무어가 디자인한 제품들이다. 그녀는 무려 3년 동안이나 직접 노인이 되어 생활하면서 겪은 불편, 어려움 등의 경험을 바탕으로 노인들이 쉽고 편하게 사용할 수 있는 제품을 디자인하였다. 이들 제품은 모두 출시 후 엄청 인기를 끌게 되었고, 그녀는 지금도 노인들을 위한 제품을 디자인하고 있다. 패트리샤 무어의 이야기가 궁금한 분은 2015년 12월에 방영된 MBC TV '신비한 TV 서프라이즈' 또는 EBS 지식채널 e '할머니와 냉장고' 편을 참고하면 된다.

필자의 동료 연구원은 당뇨 환자를 위한 서비스를 기획할 때 당뇨 환자의 아픔, 어려움 등을 알아보기 위해 직접 당뇨 환자가 되어보았다. 조사 기간 동안 진짜 당뇨 환자처럼 매일 아침 공복에 혈당을 체크하고 음식을 조절했다. 그저 당뇨 환자 경험을 위해 한 번쯤 혈당 체크를 해 본 것이 아니라, 진짜 환자처럼 매일 혈당을 체크한 것이다. 그는 매일 혈당을 체크하는 당뇨 환자 경험을 통해 혈당 체크에 대한 두려움과 어려움을 알게 되었고, 그 두려움과 어려움을 반영한 서비스를 기획했다고 한다. 혈당 체크는 바늘로 손가락을 찔러서 해야 하는 것으로, 매일 자기 손가락을 바늘로 찔러 혈당을 체크한다는 것이 쉬운 일은 아니다. 한 번쯤 체험을 해 보는 사람에게는 어쩌다 한 번 바늘에 찔린 정도일 수 있지만, 당뇨 환자 입장에서는 매일 바늘로 손가락을 찔러야 하는 고통이다. 여러분이 소비자라고 하면 누가 기획한 서비스를 이용하겠는가? 직접 고통을 느껴본 사람이 기획한 서비스인가? 아니면, 책상머리에서 탄생한 서비스인가?

물론, 우리 모두가 패트리샤 무어처럼 무려 3년간이나 노약자가 되어 불편을 체험하고 세상을 바꾸기 위해 노력할 필요는 없다. 다만 다른 사람을 위한 정책이나 서비스 등을 개발할 때는 상대방이 되어 직접 경험을 꼭 해 봐야 한다. 직접 경험만이 사람들이 공감할 수 있는 최적의 정책, 서비스를 이끌어 낼 수 있다.

그림자놀이

직접 경험하는 것이 가장 좋은 방법이지만 때로는 직접 경험할 수 없을 때가 있다. 예를 들어 택배기사, 화물기사 등은 경험해 보고 싶다고 할 수 있는 것들이 아니다. 물론, 대형면허를 취득하는 것에서부터 시작해서 장기적인 관점에서 접근하면 가능할 수도 있다. 그러나 단기간에 직접 경험을 해 보는 것은 어렵다. 이처럼 직접적인 경험을 할 수 없을 경우에는 어떻게 해야 할까?

그림자놀이를 기억하는가? 그림자놀이란 햇빛 또는 전등 가까이에서 손을 움직여 벽이나 창문에 여러 가지 모양의 그림자를 만드는 놀이다. 어렸을 때 손 모양으로 강아지, 새, 여우 등의 그림자를 만들면서 즐거워했던 기억이 있을 것이다. 직접 경험이 어려울 경우에는 그림자놀이를 하면 된다. 빛으로 손 모양을 벽에 투영하여 강아지, 새, 여우 등을 만들었듯이 피관찰자의 행동, 시선 등을 그대로 관찰자에게 투영하는 것이다. 이를 쉐도잉^{Shadowing}이라고 한다.

쉐도잉이란 직접 경험해 보고 싶은 대상 또는 관찰하고 싶은 대상을 선정하고, 대상 피관찰자를 그림자처럼 따라다니면서 그의 행동, 느낌을 그대로 관찰자에게 투영하여 경험하는 방법이다. 예를 들어 직접 할 수 없는 택배기사 경험을 위해 택배기사와 함께 다니면서 택배기사의 행동 하나하나를 관찰자 자신에게 투영하면 된다. 좀 더 구체적으로 이야기해 보면 택배 집하장에서 배달해야 할 물량을 싣는 것에서부터 각 가정에 배달할 때까지 대상 관찰자의 시선을 따라가면서 행동 하나하나를 직접 경험하는 것처럼 같이 행동하고 기록하면 된다. 관찰자는 쉐도잉을 통해 직접 경험과 동일한 수준의 불편, 어려움 등을 느낄 수 있다

현장에 나가 직접 경험해 보는 것은 공감을 위한 선택이 아닌 필수다. 직접 경험하지 않고는 사람들이 겪는 불편, 어려움을 완전히 이해할 수는 없다. 특히 사람들이 느끼는 감정은 직접 경험해 보지 않으면 알 수 없는 경우가 많다. 따라서 책상에서 그냥 자료나 찾아보면서 사람들을 위한 정책이나 서비스를 개발하지 말자. 직접 현장에 나가 경험해 보고 개발해야 한다.

직접 경험할 수 없을 때는 관찰하고 싶은 대상 또는 경험해 보고 싶은 대상을 선정하고 같이 동행하면서 대상 관찰자의 행동, 느낌 등을 파악하면 된다. 대상 관찰자와 동행할 때는 대상 관찰자의 시선을 따라가면서 행동 하나하나를 기록해야 한다. 관찰자는 쉐도잉을 통해 직접 경험과 동일한 수준의 경험을 느낄 수 있다. 경험과 체험을 헷갈리지 말자. 경험과 체험은 사뭇 다르다. 체험은 한두 번 겪어보는 것이지만, 경험은 지속적이고 반복적으로 겪어 보는 것이다.

Case Study 2
모델 하우스에 자주 가는 이유

최근 몇 년 동안 시간 있을 때마다 모델 하우스를 보러 다녔다. 아파트를 구매해야겠다는 목적이 있었다기보다는 최근 리빙 트렌드 Living Trend, 일상생활에서의 소비자 관심사 등을 파악할 수 있어 모델 하우스를 자주 다녔다. 필자가 처음부터 아파트 모델 하우스에 관심을 가졌던 것은 아니다. 다만 아내의 요청을 들어주는 셈치고 몇 번 가보니 모델 하우스를 통해 소비자 선호, 관심사 등을 파악할 수 있음을 알게 되었던 것 같다.

모델 하우스에 가면 아파트 구조 등 최근 인테리어 경향을 알 수 있고, 아파트와 관련한 다양한 사람의 의견을 들을 수 있다는 아내의 권유 때문이었다. 아파트를 분양 받을 것도 아니어서 모델 하우스에 가는 것이 썩 마음에 내키지 않았지만, 아내의 뜻을 맞추어 준다는 차원이 더 컸다.

처음부터 마음이 썩 내키지 않았던 터라 아파트에 대해서 설명하는 안내원의 말을 거의 듣지 않았고, 또한 모델 하우스도 곁눈으로 보기만 했다. 그러던 어느 날 단지 내에 골프연습장, 헬스장과 같은 커뮤니티 시설을 갖추고 있으며, 주방의 편리함을 최대한 고려하여 설계되었다는 안내원의 설명을 귓등으로 들으며, 혼잣말로 '아파트가 전부 똑같지 무슨 차이가 있다고'라며 투덜거리고 있던 필자의 머릿속에 불현듯 한 가지 생각이 떠올랐다. '아파트 단지에 왜 골프연습장, 헬스장 등의 커뮤니티 시설이 필요하지?'라는 궁금증이 생겨 아내에게 물어보았다. 아내는 요즘 분양하는 아파트는 전부 헬스장, 골프연습장과 같은 커뮤니티 시설을 갖추고 있다고 말하면서 편하게 한 곳에서 모든 것을 해결하려고 하는 사람들 특성 때문에 앞으로도 아파트 단지 안에 더 많은 커뮤니티 시설을 갖추려고 할 것이라는 자신의 생각까지 알려주었다.

정말로 그럴까? 집으로 돌아온 필자는 아파트 분양광고와 분양 홈페이지를 찾아보았고, 실제로 분양 중인 아파트들, 특히 신도시를 중심으로 분양하는 아파트는 대부분 단지 안에 기본적으로 헬스장, 도서관, 골프연습장 등을 갖추고 있었다. 뿐만 아니라 대부분의 아파트가 시스템 옷장을 제공하여 많은 옷과 신발을 깔끔하게 정리할 수 있도록 해 주고 있었다.

새롭게 분양하는 아파트들이 내세우는 특장점 등을 살펴보면 사람들의 주요 관심사 및 선호에 대해 파악할 수 있다. 근래 몇 년 동안 발코니 확장, 수납공간 확보, 시스템 에어컨, 아일랜드 식탁 등 좁은 공간을 넓게 사용하게 해 주는 아이템들이 소비자들의 눈길을 끌었다고 한다면, 최근에 사람들의 눈길을 끄는 특장점 등을 살펴보면 깨끗함과 건강이 대세라는 것을 알 수 있다. 음식을 조리할 때 발생하는 오염물질과 유해가스 차단을 위한 에어커튼, 각종 양념장의 수납 및 사용 편리를 위한 수납장, 기름때 제거가 쉬운 대리석 주방 벽면 등이 최근 소비자들의 눈길을 끄는 아이템들이다.

아파트는 3년 이상을 내다보고 지어야 한다. 그래서 사람들이 해결하려고 하는 문제가 무엇일까 고민을 할 수밖에 없으며, 그 고민이 모델 하우스에 그대로 반영되어 나타난다. 따라서 모델 하우스를 보면 사람들의 관심과 선호를 파악할 수 있다.

모델 하우스란 집 내부 구조는 어떻게 되고, 인테리어는 어떻게 할 수 있다는 것을 보여주는 임시건축물로 주로 아파트 등 주택 홍보를 위해 임시적으로 지어진다. 따라서 모델 하우스는 사람들이 살고 싶은 생각이 들도록 만들어야 하기 때문에 가장 트렌디^{Trendy}하고 선호도가 높은 아이템 및 편한 생활을 보장하는 다양한 아이템을 설치한다.

모델 하우스에 자주 다니고 여기저기서 이야기를 듣다 보니 모델 하우스에서 무엇을 중점적으로 살펴봐야 하는지 나름대로의 요령이 생겼다. 지금부터 설명하는 모델 하우스를 잘 보는 방법을 충분히 숙지하고 잘 활용하기 바란다.

- 주변 환경을 살펴보아라. (Pattern)
  - 아파트 현장의 위치가 어디인지, 동 간 거리, 편의시설, 대중교통 이용 편의 등
- 화려한 겉모양에 속지 마라. (Others)
  - 연출된 인테리어 여부, 실제보다 축소 설치된 가구 등 착시효과, 화려한 조명
- 부정적인 관점에서 살펴보아라. (Bothering)
  - 나에게 필요한 아이템 여부 확인, 자신의 가구 설치 후 동선의 편의성
- 불평이 많은 사람의 이야기에 귀를 기울여라. (Surprise)
  - 경험이 많은 주부에게서 나오는 현실적 이야기

사람들에게 물어봐라!

사람 이해하기
문제 파악하기
해결책 만들기
• 관찰
• 경험
• 질문
• 분석(Deep Dive)
• 융합(Synthesis)
• 창의적 아이디어
• 컨셉(Concept)

세 번째 공감 도구 _ '질문'

사람들을 이해하기 위한 세 번째 방법은 [질문하기]이다. 특정 상황이나 행동과 관련한 질문을 통해 사람들이 겪었던 불편, 욕구 등을 파악할 수 있다. 질문하기는 직접적인 경험을 하기 어렵거나 또는 직접적 경험만으로는 경험 전체를 확인해 볼 수 없을 경우 사용하기에 적합하다.

예를 들어 주방기구 개선을 위해 요리사의 주방기구 사용 경험을 파악해야 한다고 가정해 보자. 어떤 방법을 사용해야 할까? 직접 요리사가 되어 주방기구를 사용해 볼 수도 없고, 또한 요리사와 동행하면서 주방기구 사용 경험을 파악하기도 어렵다. 이런 경우 [관찰하기]와 [질문하기]를 병행하여 요리사의 주방기구 사용 경험을 파악해야 한다. 요리사의 주방기구 사용에 대한 관찰 조사를 진행하고, 주방기구 사용과 관련한 질문을 통해 사용 경험의 파악이 가능하다.

또 다른 예로 소비자들의 대형 마트에서의 쇼핑 행태를 파악해야 한다고 가정해 보자. 한두 사람의 경험만으로는 전체 소비자의 사용 행태를 알 수 없다. 소비자의 사용 행태를 알기 위해서는 다양한 사람의 사용 행태를 파악할 수 있어야 하며, 이는 대형 마트에서 쇼핑하는 사람들의 행동에 대한 관찰 및 해당 소비자에 대한 인터뷰를 통해 가능하다.

질문하기는 위와 같이 다양한 사람의 사용 경험을 알고자 할 때 사용할 수 있는 방법이다. 지금부터 소비자에게 어떻게 질문해야 하며, 질문 시 주의해야 할 점 등은 무엇인지 살펴보도록 하자.

질문이 답이다

일반적으로 사람들은 무엇이 불편한지, 무엇이 필요한지를 명확히 모르는 경우가 많다. 뿐만 아니라, 알고 있다고 하여도 잘 이야기하지 않는다. 따라서 질문하기를 통해서 사람들의 불편함, 욕구를 파악하기보다는 사람들의 사용 경험을 파악하는 것이 필요하다. 사용 경험에는 불편함, 사람들의 특정 행동, 새로운 해결 방안, 원래와 다른 용도로 사용 등 Chapter 03에서 언급했던 관찰 포인트가 모두 들어있다.

질문하기는 단순히 사람들의 이야기를 듣는 것이 아니다. 질문을 통해 그들의 사용 경험을 충분히 끌어내야 한다. 사람들은 낯선 사람에게는 자신에 대한 이야기를 쉽게 꺼내지 않으며, 이야기를 하더라도 모든 것을 다 말하지 않고, 약간의 과장 및 축소를 첨가한다. 따라서 진솔한 사용 경험을 끌어낼 수 있도록 고민해야 한다.

영화 〈올드보이〉를 보면 자신을 가둔 이유를 묻는 오대수에게 "왜 이우진은 오대수를 가뒀을까가 아니라 왜 풀어줬을까란 말이야"라고 하면서 질문이 잘못되었다고 말하는 장면이 나온다. 어떤 질문을 하느냐에 따라 대답이 바뀔 수 있다는 사실을 명확히 알려주고 있는 장면이라고 할 수 있다. 그럼 어떤 질문을 해야 진솔한 사용 경험을 끌어낼 수 있을까?

진솔한 사용 경험을 끌어내기 위해서는 무엇을 물어볼 것인지 현장조사 이전에 결정하고 충분히 검토해야 한다. 소비자의 사용 행태, 소비자가 느끼는 불편한 점, 좋은 사용 경험, 나쁜 사용 경험 등 질문하기를 통해 파악하고자 하는 것들의 리스트를 먼저 작성해서 검토 수정하고, 수정된 리스트를 중심으로 질문지를 만들면 된다.

　　질문지를 만들 때는 질문의 순서를 고려해야 한다. 아무거나 생각나는 대로 질문을 해서는 안 된다. 얻고자 하는 사용 경험을 충분히 얻지 못할 수도 있다. 질문을 할 때는 일반적인 것에서 시작해서 세세한 부분으로 범위를 줄여나가는 것이 좋다. 오늘 하루 있었던 일과 같은 답변하기 쉬운 것에서부터 시작해야 한다. 사람들은 일반적으로 처음에 쉽게 답변을 잘하게 되면 나중에 답변하기 곤란한 질문에도 답변을 잘해주게 된다. 처음에 답변을 잘하게 되면 자신을 ‘협조적인 사람’으로 인지를 하고, 답변하기 어려운 질문을 받아도 ‘협조적인 사람’이라는 인지를 유지하기 위해 적극적으로 답변하게 된다. 이는 초반부 인자와 후반부의 인지가 다르게 되는 인지부조화를 피하기 위해서이다.

　　뿐만 아니라, 질문지를 100% 완벽하게 만들 필요는 없다. 질문을 하다 보면 상황에 따라 질문이 바뀔 때가 많다. 질문은 사람들을 이해하고 그들이 느끼는 불편 등을 파악하기 위한 방법이다. 따라서 고정된 질문에 얽매이기보다는 질문하기를 진행하면서 상황에 맞게 질문을 바꾸는 것이 필요하다. 질문지는 꼭 사용해야 하는 대본이 아니라 참고용이다. 질문을 하면서 소비자의 사용 경험을 듣고, 그들의 이야기와 연계해서 질문을 이어나가야 한다. 소비자는 조금 전 자신이 했던 이야기와 관련된 질문에는

상세하게 답변하지만, 그렇지 않는 경우에는 상세한 답변을 하지
못한다.

올바른 질문하기

질문을 만들고 준비를 잘 했어도 질문을 받는 사람이 답변
을 해 주지 않으면 그들의 사용 경험을 파악하지 못할 수 있다. 따
라서 사람들로부터 사용 경험을 충분히 끌어내기 위해서는 질문을
받는 사람이 자신의 이야기를 잘 풀어놓을 수 있는 환경을 조성해
야 한다. 지금부터 어떤 환경을 조성해 주어야 하는지 상세히 파악
해 보자.

친구가 되어라!

지하철에서 지긋이 연세를 드신 두 분이 다정하게 이야기
를 하는 모습을 종종 볼 수 있다. 그런데 재미있는 것은 두 분이 그
날 지하철에서 처음 본 사이라는 점이다. 처음 본 사이임에도 불구
하고 "요즈음 장에 가면 물가가 너무 올라 살만한 것이 없어요"라
고 말하거나 자녀 또는 손주 이야기를 한다. 어떻게 이 분들은 처음
본 사이임에도 불구하고 마치 친분이 있었던 사람들처럼 이야기를
나눌 수 있을까? 그것은 서로 동질감을 갖고 있기 때문에 가능한

일이다. 장바구니 물가, 손자 손녀 등 비슷한 관심사가 있기 때문에 동질감을 느끼게 돼서 자연스럽게 대화가 가능한 것이다.

질문할 때는 위에서 예를 든 것처럼 소비자와 동질감을 형성하는 것이 필요하다. 동질감을 형성해야 소비자로부터 많은 이야기를 들을 수 있다. 질문을 시작하기 전에 먼저 가벼운 이야기를 통해 동질감을 형성할 수 있도록 해야 한다. 일상의 신변잡기적인 이야기를 나누게 되면 소비자는 심리적으로 자신하고 친분이 어느 정도 있는 사람으로 상대방을 인지하게 된다. 사람들은 낯선 사람과 이야기하는 것을 꺼려하기 때문에 일상의 대화를 잠깐이라도 같이하게 되면 낯선 사람과 일상의 대화를 나누게 되는 인지 충돌이 발생한다. 인지부조화를 피하기 위해 일상의 신변잡기적 이야기를 나눈 상대를 친분이 있는 사람으로 인지하게 되고, 자신의 이야기를 좀 더 진솔하게 전달하게 된다.

질문을 시작하기 전에는 날씨나 그날 있었던 일, 반려동물(반려동물이 있을 경우) 등에 대한 이야기를 먼저 나눠서 동질감을 형성하는 것이 좋다.

먼저 들어라!

상대방이 이야기를 하고 있을 때는 절대 이야기에 개입해서는 안 된다. 상대방이 설사 틀린 말을 하더라도 바로 정정하거나 틀렸다는 신호를 주어서도 안 된다. 질문의 성공 여부는 적절한 질문을 하는 것에만 있는 것이 아니라 얼마나 이야기를 잘 들어 주느냐에도 달려 있다.

　사람들은 자신의 이야기를 가로막는 것을 좋아하지 않는다. 자신의 이야기가 방해를 받게 되면 대부분의 사람은 상대방이 자신의 이야기를 듣기 싫어한다거나 또는 자신의 이야기가 별 도움이 되지 않는다고 생각하게 되어 자신의 경험을 전달하는 것에 소극적이 되고 이야기를 잘 하지 않게 된다. 반면에 상대방이 계속 호응을 하면서 들어주게 되면, 더욱 더 신이 나서 물어보지 않은 것까지 자세히 이야기를 해준다.

　터키에서 [질문하기]를 진행할 때의 일이다. 소비자와 한참 이야기를 하고 난 후 쉬는 시간에 같이 조사를 진행하는 동료들과 잠깐 이야기를 하고 있었다. 그때 조사에 참여했던 소비자(물론 터키 사람이다) 중 한 명이 다가오더니 터키어로 나에게 말을 걸어왔다. 터키어를 전혀 모르는 나로서는 무슨 말을 하는지 알 수 없어 답변을 하지 못했지만, 계속해서 말을 거는 것이었다. 쉬는 시간이 끝나고 같이 동행했던 통역사에게 쉬는 시간의 일을 알려주고 어떻게 된 상황인지 파악해 달라고 하였다. 상황을 알아본 결과, 소비자는 내가 터키어를 하는 줄 알고 나에게 말을 걸었던 것이었다. 소비자 이야기를 듣는 중간중간에 이야기를 잘 듣고 있다는 것을 표현하기 위해 고개를 끄덕이면서 그들의 말에 호응을 하고 아는 척을 했는데, 이것이 마치 터키어를 어느 정도 이해하고 있는 것으로 비쳐졌던 것이었다.

심리학자나 심리상담 전문가들에 따르면 사람들과의 관계에서 가장 중요한 것이 '들어주기'라고 한다. 상대방이 자신의 말을 잘 듣고 있다는 것만으로 자신이 다른 사람에게 중요하게 여겨지고 주의 깊게 받아들여진다는 생각을 하게 된다고 한다.

따라서 소비자의 이야기가 모두 진실일 것이라는 가정을 하고 이야기를 들어야 한다. 실제로 [질문하기]를 진행하다 보면, 잘 모르는 상태에서 마치 다 아는 것처럼 이야기를 하는 경우도 있다. 질문을 통해 파악하고자 하는 것은 소비자가 잘 알고 있는지 여부가 아니라, 소비자 사용 경험이기 때문에 100% 알고 있지 않아도 상관없다. 질문을 받는 사람이 자신의 사용 경험을 진솔하게 이야기할 수 있는 환경을 만드는 것이 더 중요하다.

진솔한 사용 경험을 듣기 위해서는 먼저 충분히 소비자의 이야기를 들어야 한다. 자신이 중요한 사람이라는 느낌을 전달하여 자신에 대한 이야기를 충분히 할 수 있도록 그들의 이야기에 호응을 하고 잘 듣고 있다는 느낌을 주는 것이 필요하다.

제 3외국어에 익숙해져라!

질문할 때는 소비자 언어에 익숙해야 한다. 사람들은 상품 또는 특정 상황에 대해서 자신의 기준을 가지고 해석하고, 자신의 언어로 이해한다. 사업자 또는 판매자가 전달하는 상품 컨셉^{Concept} 또는 가치^{Value} 등을 명확히 이해하거나 익숙해지면 사업자의 언어로 이야기를 할 수 있지만, 그렇지 않은 경우에는 자신만의 언어로 표현하게 된다. 따라서 소비자의 충분한 사용 경험을 끄집어내기 위해서는 소비자의 이해 정도를 파악하고 소비자 언어로 질문해야 한다.

예를 들어 대부분의 사람이 'Smart Home', 또는 'IOT' 용어에 익숙하지 않고 어떤 서비스인지 잘 이해하지 못하며, '스마트폰으로 조절하는', '원격제어' 정도의 수준으로 이해를 하고 있다고 가정해 보자. 실제로 대부분의 사람은 Smart Home, IOT라는 용어에 익숙하지 않다. 이런 경우 어떻게 질문해야 할까? 사람들에게 Smart Home, 또는 IOT 용어를 사용해서 질문하게 되면 사람들은 용어 자체에 익숙하지도 않고 잘 이해도 못하고 있기 때문에 전혀 다른 이야기를 하게 될 가능성이 높다. 따라서 사람들에게 익숙하고 이해 정도에 맞는 '원격제어' 또는 '스마트폰으로 조절하는' 용어를 사용하여 질문해야 한다.

사람마다 익숙한 정도 및 이해하는 정도가 다른데, 무엇을 기준으로 질문을 맞추어야 할까? 소비자의 이해 정도를 아는 방법은 대상자를 선정할 때 간단한 사전 질문을 통해 미리 파악할 수 있다. 대상자를 선정하기 전 관련 용어에 대한 설명을 하고 이해 정도를 파악하면 된다. 또 다른 방법으로는 [질문하기] 초반의 소비자의 이야기를 통해 파악할 수도 있다. 소비자의 이해 정도가 파악되면 소비자 언어로 질문하면 된다.

이때 주의해야 할 것은 소비자가 질문에 대해 이해하지 못하고 질문과 관련 없는 이야기를 하더라도 절대로 틀렸다고 지적을 해서는 안 된다. 질문이 그런 의미가 아니라는 신호를 주는 순간 소비자는 움츠러들게 되고 이야기를 잘 하지 않게 된다. 여러분도 이야기할 때 누군가 틀렸다고 지적을 하면 주눅이 들게 되어 다음부터는 이야기를 잘 하지 못하게 되지 않는가? 마찬가지이다. 질문을 받는 사람에 대한 지적보다는 질문 자체를 조금 더 이해하기 쉬운 말로 바꾸는 것이 필요하다.

답을 유도하지 마라!

"답은 정해졌으니 너는 거기에 맞는 대답만 하면 돼"라는 의미의 '답정너'는 가장 피해야 할 질문방식이다. 미리 머릿속에 답을 정해 놓고 답변을 유도하거나 또는 정해진 답을 듣기 위해 동일한 질문을 해서는 안 된다. 물론, 답변을 다시 한 번 확인하기 위해서 또는 소비자의 답변을 검증해 보기 위해 비슷한 내용의 질문을 반복해서 할 수는 있다. 그러나 원하는 답을 얻기 위한 반복 질문은 지양해야 한다.

답변을 유도하는 질문을 할 경우 대부분 사람은 상대방이 원하는 답을 하게 된다. 사람들은 낯선 사람들에게 부정적이 되거나 또는 상대방의 생각과 반대되는 이야기를 해서 상대방에게 나쁘게 보이길 원치 않는다. 또한, 사람들은 자신의 행동 또는 행동의 이면에 있는 행동 이유 등을 명확히 모른다. 따라서 누군가 답을 이야기해주고 "어떻게 생각하느냐?"라는 의견을 묻게 되면, 설령 자신의 생각과 약간의 차이가 있더라도 원하는 대답을 해 주게 된다.

또한, 질문할 때는 오픈 마인드를 가져야 한다. 질문에 대한 모든 답은 정해지지 않았고, 소비자가 말하는 모든 것이 다 정답이라는 생각을 해야 한다. 소비자가 조금 틀렸다고 또는 잘 모르기 때문에 답을 정정해 주거나, 정답을 제시하는 방식을 통해 답변을 유도해서는 안 된다. 답변이 유도된 사용 경험은 사람들의 진짜 사용 경험이 아니다.

경험을 확인하라!

질문을 하다 보면 동일한 질문에 대해서 다른 답변을 하는 경우를 보기도 한다. 또한 사용 과정을 직접 보여 달라고 하면 앞서 자신이 이야기한 사용 경험과 다른 사용 과정을 보여주기도 한다. 왜 그럴까? 자신이 어떻게 잘 사용하는지 몰라서일까?

터키에서 인터넷 쇼핑 행태를 파악하기 위해 20대 남성을 인터뷰한 적이 있다. 인터뷰 목적은 인터넷 쇼핑몰에서의 구매 행동 및 인터넷 쇼핑 경험 파악이었다. 질문을 하면서 계속 이상한 생각이 들었다. 소비자가 하는 이야기 중에 일부는 앞뒤가 맞지 않기도 했고, 자꾸 말이 달라지는 것이었다. 그래서 진짜 사용 경험인지 확인해 보기로 했다. 확인을 위해 초반에 했던 질문과 비슷한 질문을 중반에 다시 한 번 물어보았다. 역시 예상했던 대로 초반과 중반의 답변이 달랐다. 좀 더 확인을 해 보기 위해서 인터넷 쇼핑과정을 직접 보여 달라고 요청했다. 우리의 요청에 소비자는 쇼핑 과정을 보여주는 것이 어렵다고 하였다. 집에 인터넷 쇼핑을 할 수 있는 PC가 없어서 보여줄 수 없다는 것이 이유였다. 노트북이 있지 않느냐고 물어보자, 노트북이 있기는 하지만 어제 구입한 것이라서 인터넷이 연결되지 않는다고 하였다. 반드시 확인을 해보는 것이 필요하다고 판단하여 주변에 PC 카페(터키의 PC방)가 있는지 확인을 했고, PC 카페에서 인터넷 쇼핑을 해 보기로 결정했다. PC 카페에서 인터넷 쇼핑을 시작한 소비자는 인터넷 쇼핑을 처음 해 본 사람처럼 헤맸다. 인터넷 쇼핑 경험이 없는 사람에게 더 이상 인터뷰를 진행하는 것이 무의미하다고 판단한 우리는 인터뷰를 중단했다.

위의 경우와 같이 질문하기를 진행하다 보면 소비자들이 잘 모르면서 또는 경험을 해 보지 않고도 자신의 사용 경험처럼 이야기를 하는 것을 종종 볼 수 있다. 아마도 질문하는 사람에게 미안해서 또는 잘 모른다는 것이 창피해서일 것이다. 소비자들이 잘 모르고 있거나 또는 자신의 경험이 아닌 이야기를 하는 것으로 판단되면 즉시 확인을 해야 한다. 소비자 자신의 경험이 아닌 것을 그대로 적용하면, 데이터가 왜곡되어 전혀 기대하지 않았던 결과가 나올 수 있다. 따라서 질문 중간중간에 사용 경험의 진위 여부를 확인해 보는 것이 필요하다.

질문 과정 초반과 중반 또는 후반에 비슷한 질문을 반복하여 사용 경험의 진위 여부를 판단할 수 있다. 소비자에 따라 다소 다르겠지만, 사용 과정이 너무 익숙해져 버린 경우 처음에는 사용 과정에 대해 설명을 잘 못하다가도 후반에 명확히 설명할 수도 있다. 따라서 질문 과정 초반과 중반 또는 후반의 설명이 다른 경우 잘 몰라서인지 아니면 설명을 못해서인지 두 가지 관점에서 확인해야 한다.

사용 경험의 진위 여부를 확인할 수 있는 또 다른 방법으로는 어떻게 사용하는지 직접 보여 달라고 하는 방법이 있다. 위

터키의 소비자 조사처럼 실연을 요청해서 진위 여부를 확인할 수 있다. 자신의 경험이 아닐 경우 사용 경험이 실제 행동으로 옮겨지지 않는다.

극단의 사용자를 찾아라!

누구를 대상으로 사용 경험, 사용 행태를 파악하는 것이 좋을까? 질문은 극단의 사용자Extreme user를 대상으로 하는 것이 좋다. 극단의 사용자란 정규분포 상에서 양 극단에 존재하는 사람들로 아주 많이 사용하거나 또는 아주 사용하지 않는 사람들을 의미한다. 물론 어떤 상황에 대해서 파악할 것인지 또는 어떤 사용 경험을 파악할 것인지에 따라 대상자가 달라져야 한다. 어린 자녀를 둔 주부의 사용 경험을 파악하고자 할 경우에는 어린 자녀를 둔 주부가 주요 대상이 되어야 한다. 그러나 어린 자녀를 둔 주부들 중 누구를 대상으로 사용 경험을 파악할 것인가는 다른 이야기이다.

왜 극단의 사용자를 대상으로 사용 경험을 파악하는 것이 필요할까? 소비자의 사용 경험 및 사용 행태를 파악하기 위한 것이라면 대상 집단 내에서 누구를 대상으로 인터뷰를 진행해도 되지 않을까? 그렇지 않다. 인터뷰 대상자가 누구냐에 따라 전혀 다른 결과가 나온다.

극단의 사용자들은 일반 사용자들에 비해 동일 상품을 가장 많이 사용하며 또한 가장 많이 알고 있기 때문에, 일반 사용자들보다 훨씬 더 풍부하고 상세한 사용 경험에 대해서 이야기 해 줄 수 있다. 예를 들어 주방기구 극단의 사용자, 즉 주방기구에 대해서 가장 많이 알고 있는 사람은 누구일까? 요리사들이다. 이들은 주방기구를 가장 많이, 자주 사용하기 때문에 주방기구의 어떤 점이 불편하고 어떻게 개선되어야 하는지 등에 대해 잘 알고 있다. 따라서 그 누구보다 풍부한 사용 경험, 사용 행태 및 개선 아이디어 등을 이야기해 줄 수 있다. 사용하기 편한 주방기구로 유명한 옥소[OXO]는 실제로 요리사들의 사용 경험 및 사용 행태를 참조해 주방기구 개선에 반영한다.

이와 같이 극단의 사용자들이 많이, 그리고 자주 사용하기 때문에 일반 사용자보다 훨씬 사용 경험이 풍부할 뿐만 아니라 상품에 대해서 잘 알고 있다. 또한 어떤 것이 불편하고 사용하기에 어려운지 잘 알고 있으며, 때로는 스스로 개선책을 만들어 사용하기도 한다. 따라서 극단의 사용자들의 사용 경험, 사용 행태 등을 살펴보는 것이 사람들이 겪는 불편함, 부족 등 숨은 욕구를 파악하는 데 도움이 된다.

[질문하기]는 직접적인 경험을 하기 어렵거나 또는 다양한 사람의 사용 경험 및 사용 행태를 파악하고자 할 때 사용하기에 적합한 방법이다. 사람들은 자신에 대한 이야기를 잘 하지 않기 때문에 사전에 충분한 시간을 갖고 질문할 내용을 미리 검토하고 확정하는 것이 필요하다. 또한 질문할 때는 하루 일과와 같이 답변하기 쉬운 것부터 시작해서 점점 세세한 사용 경험으로 질문의 범위를 좁혀 나가는 것이 좋다. 아울러, 질문할 때는 상황에 따라 질문 내용을 바꿀 수 있어야 한다. 사전에 작성한 질문지는 참고용일 뿐이다. 사용 경험과 관련한 상세한 답변을 끌어내기 위해서는 소비자의 사용 경험과 관련한 질문을 해야 한다. 사람들은 자신이 했던 이야기와 관련된 질문에는 답변을 상세하게 해준다.

또한 풍부한 사용 경험을 끌어내기 위해서는 질문을 받는 사람이 자신의 이야기를 할 수 있는 환경을 조성해야 한다. 환경 조성을 위해서는 다음의 5가지 원칙을 지켜야 한다.

- 친구가 되어라

- 먼저 들어라

- 제 3외국어에 익숙해져라

- 답을 유도하지 마라

- 경험을 확인하라

첫 번째, 질문자는 소비자와 동질감을 형성해야 한다. 동질감이 형성되었을 때 진솔한 이야기를 들을 수 있다. 따라서 질문을 시작하기 전에 신변잡기적인 이야기를 나누는 것이 필요하다. 신변잡기적인 이야기를 나누는 상대는 자신과 친분이 있는 사람으로 인지하게 되기 때문에 훨씬 더 진솔한 이야기를 들을 수 있게 된다.

두 번째, [질문하기]의 핵심은 사람들의 이야기를 얼마나 잘 들어주느냐에 있다. 사람들은 상대방이 자신의 말을 잘 들어주는 것만으로도 자신이 존중받고 있다는 생각을 하게 된다. 따라서 사용 경험을 듣는 중간중간에 이야기를 잘 듣고 있다는 표현을 해주면 소비자는 더욱더 많은 이야기를 해주게 된다.

세 번째, 소비자의 표현에 익숙해져야 한다. 사람들은 자신이 이해하는 범위 내에서 자신의 언어로 표현을 한다. 소비자의 경험을 끄집어내기 위해서는 소비자가 사용하는 표현의 정도를 알아야 한다. 표현의 정도는 질문에 대한 소비자 답변을 통해 확인할 수도 있고, 대상자를 선정하기 전 용어에 대한 설명을 통해 파악할 수도 있다.

네 번째, 정답을 정해놓고 답변을 유도하는 질문을 해서는 안 된다. 사람들은 상대방에게 좋은 이미지를 주기 위해서 또는 전문가가 아닌 이상 특정 사실에 대해 정확히 모르고 있기 때문에 답변을 유도하면 그대로 따라오게 된다. 답변을 유도하는 질문을 통해 파악된 사용 경험은 오염된 데이터이기 때문에 활용할 수 없다.

다섯 번째, 소비자가 이야기하는 사용 경험에 대해 확인을 해야 한다. 질문하는 사람에게 미안해서 또는 모른다는 것이 창피하기도 해서 잘 모르는 사항에 대해서도 마치 아는 것처럼 이야기를 하는 경우가 종종 있다. 따라서 인터뷰 초반과 중반 또는 후반에 비슷한 질문을 반복해서 사용 경험의 진위 여부를 판단하는 것이 필요하다. 사용 경험이 맞지 않는 것으로 판단되면 즉시 인터뷰를 중단해야 한다.

끝으로 사용 경험 및 사용 행태는 극단의 사용자를 대상으로 파악하는 것이 좋다. 극단의 사용자들은 사용 경험이 풍부하고 또한 가장 많이 알고 있기 때문에 일반 사용자들보다 훨씬 더 풍부하고 상세한 사용 경험 및 사용 행태를 이야기해 줄 수 있다. 뿐만 아니라 불편한 것에 대해서 스스로 개선책을 만들어 사용하기 때문에 해결해야 할 문제가 무엇인지에 대한 단서를 제공해 줄 수도 있다.

사람을 느껴라!

사람 이해하기
문제 파악하기
해결책 만들기
• 관찰
• 경험
• 질문
• 분석(Deep Dive)
• 융합(Synthesis)
• 창의적 아이디어
• 컨셉(Concept)

사람을 이해한다는 것은 무엇일까? 사람들의 행동을 살펴보고, 동일한 경험을 하고, 그들의 사용 경험을 알게 되면 이해했다고 할 수 있을까? 관찰하고, 경험하고, 이야기를 듣는다고 해서 사람을 완전히 이해할 수 있는 것은 아니다. 사람들이 해결하고자 하는 진짜 문제가 무엇인지, 필요로 하는 것이 무엇인지 등을 정확히 알아야 이해했다고 할 수 있다.

[관찰], [경험], [질문] 등의 공감 도구를 통해 파악한 사람들의 행동, 불편함 등의 이면에는 잘 표현하지 못하거나 자신 스스로도 알지 못하는 문제 또는 욕구가 숨겨져 있다. 따라서 겉으로 드러나 보이는 행동을 보고 상대방을 이해했다고 하는 것은 겉모습만 보고 사람을 판단하는 것과 똑같다. 우리는 사람의 내면을 보지 않고 겉모습만 보고 판단해서 안 된다는 것을 잘 알고 있다. 성격이 어떤지, 어떤 생각을 하고 있는지 등 내면을 보고 사람의 됨됨이를 판단하려고 노력하듯이 겉으로 보이는 행동, 불편함 등의 이면에 있는 해결하고자 하는 문제 또는 숨겨진 욕구를 파악해야 한다. 해결하고자 하는 문제를 알아야 공감할 수 있는 해결책을 제시할 수 있다.

어떻게 해야 겉으로 드러나는 행동 특징, 사용 경험, 불편 등의 이면에 있는 진짜 문제를 파악할 수 있을까? 관찰, 경험, 질문 등을 통해 파악한 행동, 불편함 등을 분석해서 사람들의 행동 패턴, 사회·문화적 특징 등을 찾아내고 이를 융합해서 이면에 숨어 있는 이유와 원인을 찾아낼 수 있다. 이와 같이 관찰, 경험, 질문을 통해 알게 된 여러 가지 사실을 분석하고 융합해서 해결하고자 하는 진짜 문제를 찾아내는 과정을 분석[Deep Dive]과 융합[Synthesis] 또는 통찰[Insights]이라고 하며, 네 번째 및 다섯 번째 공감 도구에 해당된다.

통찰이란 문제의 본질을 꿰뚫어 보는 것으로서, 관찰하고, 경험하고, 질문해서 파악한 사실을 분석하고 융합, 사람들이 해결하고자 하는 진짜 문제를 찾아내는 것이다. 통찰을 잘하기 위해서는 첫 번째로 관찰, 경험, 질문을 통해 사람들의 다양한 행동, 경험 등을 파악해야 하고, 두 번째로 행동과 경험 등의 원인에 대한 심층 분석을 해야 하며, 세 번째로는 분석한 다양한 이유와 원인을 융합해서 사람들이 해결하고자 하는 진짜 문제를 찾아야 한다. 다시 말해 통찰이란 사람을 충분히 이해하고, 사람에 대한 이해를 바탕으로 해결하고자 하는 문제 또는 숨은 욕구를 찾아내는 것이다. 지금부터 통찰을 잘하기 위한 두 번째, 세 번째 조건에 대해서 알아보도록 하자. 통찰을 잘하기 위한 첫 번째 조건인 관찰, 경험, 질문에 대해서는 Chapter 02와 Chapter 04에서 충분히 설명을 하였다.

네 번째 공감 도구 _ '분석Deep Dive'

사람들이 해결하고자 하는 진짜 문제 또는 숨은 욕구를 찾기 위해서는 행동의 이유 및 불편함을 느끼는 원인을 찾아내야 한다. 다시 말해, 사람들이 특정 행동을 하는 이유는 무엇인지, 무엇이 해결되지 않아 불편을 느끼는지 파악해야 한다. 사람들의 겉으로 보이는 행동, 느끼는 불편함에는 반드시 이유가 있다. 사람들은 아무런 이유 없이 특정 행동을 하지 않으며, 무엇인가 만족스럽지 못하거나 또는 해결되지 않을 때 불편함을 느낀다.

예를 들어 지하철이 복잡해서 불편하다고 느끼는 것은 단순히 사람이 많아서가 아니라, 지하철을 타고 내릴 때 힘들거나 또는 지하철 내에서 무엇인가를 하기 위해 충분한 자기만의 공간을 확보하지 못해서이다.

따라서 사람들이 보이는 행동 하나하나, 불편을 느끼는 상황 하나하나를 깊게 들여다보고 왜 그런 행동을 하는지, 왜 불편을 느끼는지 등에 대해 생각해야 한다. 행동 및 상황 하나하나를 깊게 들여다봐야 한다는 의미에서 사람들이 해결하고자 하는 진짜 문제, 숨은 욕구를 찾아가는 과정을 딥 다이브^{Deep dive}로 정의하였다. 딥 다이브를 하기 위해서는 사람들의 겉모습에서부터 이면에 있는 숨겨진 이유까지 차근차근 하나씩 깊게 들여다봐야 한다. 딥 다이브를 하는 방법에 대해서 좀 더 상세히 알아보자.

어떤 일이 벌어지고 있는가?

딥 다이브를 위해 가장 먼저 해야 할 것은 관찰, 경험, 질문 대상인 사람들에게 어떤 일이 벌어지고 있는지를 정확히 파악하는 일이다. 딥 다이브란 사람들이 어떤 행동을 하고 있는지 또는 특정 상황에서 어떻게 행동하는가를 보는 것이 아니다. 어떤 행동을 하고 어떻게 행동하는가는 이미 관찰, 경험, 질문 등을 통해 충분히 파악했기 때문에 딥 다이브를 통해서는 사람들의 행동을 둘러싼 환경 또는 상황에 대해 파악을 해야 한다.

사람들은 자신들이 무엇을 왜 하는지 모를 때가 종종 있다. 특히, 습관적으로 이루어지는 행동은 무의식적으로 이루어지기 때문에 자신이 정확히 어떤 행동을 했는지, 어떤 이유로 특정 행동을 했는지 잘 모른다. 따라서 사람들이 보이는 행동이 습관적으로 이루어지는지, 행동유도장치에 의해 발생하는지, 사물 또는 사람과 상호작용에 의해 발생되는지 등 사람들의 행동에 영향을 주는 환경 또는 상황에 대해 먼저 파악을 해야 한다.

신발 뒤축을 보면 사람마다 닳은 형태가 다르다. 어떤 사람은 뒤축 바깥쪽이 닳아져 있고, 어떤 사람은 안쪽이 닳아져 있다. 걸을 때 바깥쪽에 힘을 주는지, 안쪽에 주는지에 따라 닳는 형태가 다르다. 스스로 잘 깨닫지 못하지만 자신의 걸음걸이가 신발 뒤축의 마모에 영향을 주는 것이다. 걸음걸이와 신발 뒤축의 마모 같이 자신도 모르게 행동에 영향을 주는 요인이 많다. 행동에 영향을 주는 요인들에 무엇이 있는지 확인해 보자.

사람들은 왜 왼쪽으로 들어갈까?

백화점 또는 대형 마트 등 오프라인 상점에 들어갈 때 사람들은 입구에서 어느 쪽으로 움직일까? 대부분의 사람들이 입구에서 왼쪽으로 들어가려고 한다. 믿지 못하겠으면 오늘 당장 백화점 또는 대형 마트에 가서 관찰을 해보면 쉽게 알 수 있을 것이다. 왜 그럴까? 어렸을 때부터 좌측통행을 몸에 익혔기 때문에 별도의 안내 또는 행동을 유도하는 장치가 없으면 자연스럽게 왼쪽으로 움직이게 되는 것이다. 이와 같이 많은 사람이 몸에 밴 습관에 따라 무의식적으로 행동을 한다. 따라서 행동의 원인을 파악하기 전에 습관 여부를 확인하는 것이 필요하다.

여러분은 상품을 구매할 때 무엇에 영향을 가장 많이 받는가? 상품 리뷰일 수도 있고, 지인 추천이 될 수도 있으며, 가격이 될 수도 있다. 뿐만 아니라, 사람과의 상호작용이 구매 결정에 영향을 주기도 한다. 오프라인에서 상품을 구매할 때 판매원의 자세한 설명에 영향을 받아 상품을 구매하기도 하고, 반대로 판매원의 불친절 때문에 상품을 구매하지 않기도 한다. 즉, 사람과 어떤 상호작용을 하느냐에 따라 상품 구매가 결정되는 것이다.

사람과의 상호작용뿐만 아니라 사물과의 상호작용 역시 사람들의 행동에 영향을 준다. 상품을 구매하기 위해서 온라인 쇼핑몰에 접속했다가 너무 복잡해서 상품을 어떻게 찾아야 할지 몰라 구매를 포기한 경험이 있을 것이다. 일부 온라인 쇼핑몰은 소비자의 이용 경험을 전혀 고려하지 않은 운영으로 소비자와 부정적 상호작용을 일으킨다. 부정적 상호작용은 부정적 사용 경험을 제공하게 되고 소비자들의 이용을 방해하게 된다. 다시 말해 온라인에서도 오프라인과 마찬가지로 상호작용에 따라 사람의 행동이 달라지는 것이다.

여러분도 한두 번쯤은 출근할 때 지하철 개찰구를 통과하기 위해 감지기에 사원증을 대고 '왜 안 돼지?' 하면서 한참 고개를 까우뚱하다가 사원증인 것을 보고 웃었던 적이 있었을 것이다. 반대로 회사에 출근할 때는 교통카드를 대고 출입문을 통과하려고 했던 적도 있었을 것이다. 필자도 그런 경험이 있다. 왜 항상 하던 일인데 그런 실수를 하게 될까?

항상 해오던 일이기 때문이다. 사람들은 익숙한 상황에서는 반복적으로 해왔던 행동을 무의식적으로 하게 된다. 따라서 지하철 개찰구를 통과할 때 교통카드를 대는 행동에 익숙해졌기 때문에 출입구 통과라는 익숙한 상황에서 무의식적으로 반복적으로 해왔던 교통카드를 대게 되는 것이다.

무의식적으로 행동이 발생하게 되는 이유는 특정 행동을 요구하는 특정 상황이 주기적, 반복적으로 발생하기 때문이다. 예를 들어 위에서 언급한 출입구 통과라는 특정 상황이 발생할 때마다 교통카드 사용이라는 동일 행동을 반복하게 되면, 출입구 통과 시 교통카드 사용이라는 공식이 성립되고 습관화된다. 이후 출입구 통과라는 상황에 부딪히게 되면 암기된 공식처럼 교통카드 사용이라는 행동이 무의식적으로 나타나게 된다. 이와 같이 특정 상황에서 익숙해진 행동이 무의식적으로 이루어지면, 스스로 어떤 행동을 하고 있는지 자각하지 못할 뿐만 아니라, 어떤 불편함이 있는지도 느끼지 못한다. 특정 상황에서 동일 행동을 반복하게 됨에 따라 불편함도 행동의 일부분이 되어버렸기 때문이다.

주변을 살펴보면 너무 익숙해져 불편함을 깨닫지 못하는 것이 많다. 다음 그림의 영문 키보드 자판을 비교해 보자.

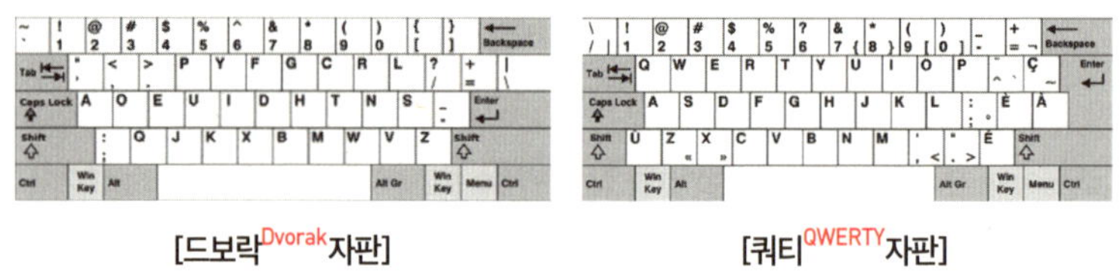

[드보락^{Dvorak} 자판]　　　　[쿼티^{QWERTY} 자판]

좌측은 드보락^{Dvorak} 자판 배열이고 우측은 쿼티^{QWERTY} 자판 배열이다. 드보락 자판은 영어에서 가장 많이 사용되는 글자를 중앙에 배열해서 가장 강한 손가락이 사용할 수 있도록 하여, 쿼티 자판에 비해 입력 오류 감소, 타이핑 속도 향상, 타이핑 피로 감소 등이 뛰어나 사용하기 편한 자판이다. 반면에 쿼티 자판은 우리가 사용하는 대다수의 키보드 자판으로 컴퓨터 등장 이전부터 오랫동안 사용해 왔던 자판이나, 한 손가락에 사용이 집중되는 배열상의 구조로 효율과 능률이 떨어진다.

여러분은 위의 두 자판 중 어느 것이 더 사용하기 편한 것처럼 보이는가? 아마 쿼티 자판일 것이다. 영문 자판이라 비교하기 어렵다면 한글 자판의 두벌식과 세벌식 자판을 비교해 보자. 두벌식 자판이 더 사용하기 편하게 보일 것이다. 그러나 실제로 사용을 해보면 영문 자판은 드보락, 한글은 세벌식 자판이 훨씬 사용하기 편하다. 그럼에도 왜 사람들은 쿼티 자판과 두벌식 자판을 선택할까? 쿼티와 두벌식 자판을 오랫동안 사용해서 실제로 타이핑이 비효율적이고 불편함에도 불구하고 너무 익숙해져 사용의 불편함을 느끼지 못하기 때문이다.

이처럼 사람들은 상황과 행동이 익숙해지면 무엇이 불편한지 또는 무엇이 부족한지 잘 느끼지 못한다. 불편한 것이 익숙해져 생활의 일부분이 되어버렸기 때문에 해결책이 나올 때까지는 불편함을 느끼지 못하는 것이다. 따라서 생활 속에서 익숙해져버린 불편을 찾아야 한다. 일상생활에서 익숙해져 더 이상 불편으로 느끼지 않는 것들이 무엇인지. 해결책이 없어서 그냥 사용하는 것들이 무엇인지 확인을 해야 한다. 익숙하지만 불편한 것들이 결국 해결해야 할 문제들이다.

행동을 이끄는 것은 무엇인가?

경기도 부천에 있는 C 병원과 S 병원에 가면 다른 병원에서는 볼 수 없던 것들이 있다. C 병원은 척추 전문 병원이고, S병원은 심장 전문 병원으로 다른 병원에 비해서 검사가 많은 곳이다.

진료 과목이 척추와 심장 관련이다 보니, 채혈 검사부터 X-ray, CT 촬영, MRI, 운동과부하, 심전도, 초음파 등등 다양한 검사가 있다. 이 두 병원이 여느 병원과 다른 점은 검사실 안내 방식에 있다. 다음의 대화를 비교해 보자.

A : "1층 우측 끝에 X-ray 검사실이 있고요. X-ray 검사 끝나고, 채혈하시고 이곳으로 오셔서 대기하시며 됩니다."

B : "X-ray 검사하고, 심전도 검사, 피검사를 하고 오시면 됩니다. X-ray 검사는 바닥에 파란색 화살표 보이시죠. 파란색 화살표를 따라가면 되고요. 심전도, 피 검사는 노란색 화살표를 따라가면 됩니다. 검사 끝나고 보라색 화살표를 따라서 오시면 됩니다."

대부분의 병원에서는 A와 같은 첫 번째 방법으로 검사실을 안내한다. 이와 같이 안내할 경우 환자들은 종종 어디에 검사실이 있는지 찾지 못한다. 특히, 연세가 어느 정도 있으신 분들은 검사실을 찾기가 쉽지 않다. 반면에 C와 S 병원은 환자들이 쉽게 검사실을 찾아갈 수 있도록 병원 바닥에 검사실별로 색깔이 다른 화살표를 붙이고 안내를 한다. 환자들은 화살표를 따라서 검사실과 진료실을 오가면 된다. 어떤 방법이 검사실을 찾는 데 더 도움이 될까?

아파트와 같은 집합건물에서 전력 사용량을 줄일 수 있는 가장 효과적인 방법이 무엇일까? 각 가정에서 전력 사용량을 줄이는 것이 가장 효과적인 방법일 것이다. 매년 여름이면 전력 사용량 초과로 인해 전기를 아껴 사용하자는 캠페인을 시행하지만, 각 가정의 전력 사용량을 줄이기는 쉽지 않다. 어떻게 해야 할까? 전기를 아껴 사용하는 행동을 유도하면 각 가정의 전력 사용량을 줄일 수 있다. 다음의 에너지절약형 고지서는 전기 사용 절감을 유도하는 대표적 행동유도장치이다.

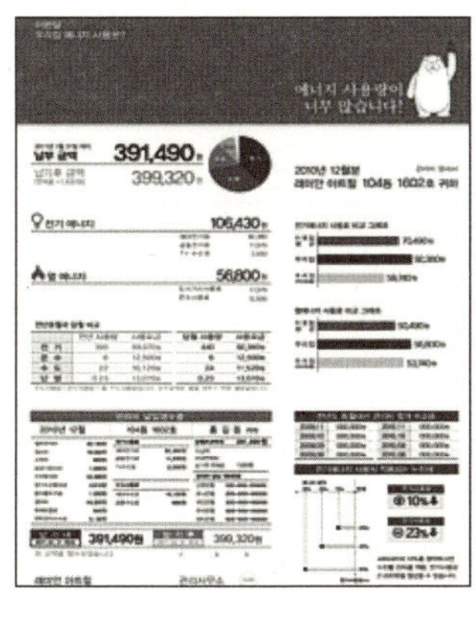

[에너지 절약형 고지서]

왼쪽의 사진은 에너지절약형 고지서의 한 종류로 기존 전기요금 고지서와는 달리 '우리집'과 '이웃집 평균' 전기요금 및 사용량을 비교해서 보여준다. 전기를 사용하는 비슷한 조건인 이웃집 평균과 비교하여 보여줌으로써 실제로 우리집의 전기 사용이 얼마나 과한지를 알려주고 전기 사용을 줄일 수 있도록 유도한다. 실제로 에너지절약형 고지서 도입 당시 지식경제부(現 산업통상자원부)의 발표에 따르면 서울 방배동 일대 아파트 600세대를 대상으로 새로운 고지서 배포 전후로 전력 사용량을 비교한 결과, 다른 지역에 비해 전기 사용이 감소했다고 한다. 구체적으로 살펴보면 2011년 1월 전력 사용량 비교 결과, 전국 전력 사용량은 한파 등의 영향으로 전월 대비 9.83% 상승했지만, 시범단지는 전월 대비 5.26% 감소했다고 한다. 어떻게 이런 일이 가능할까?

사람들은 자신이 과소비하고 있다는 사실을 깨닫게 되면 의식적으로 소비를 줄이려고 노력하게 된다. 기존 전기요금 고지서는 각 가정의 전기 사용량 및 전기요금을 알려주는 역할에 한정되어 에너지 절약을 위한 행동을 유도하지 못했다. 그러나 에너지 절약형 고지서는 각 가정이 사용량을 다른 집과 비교하여 줌으로써 에너지 절약을 유도하게 된다.

위에서 살펴본 검사실을 안내하는 바닥에 부착된 화살표, 에너지절약형 고지서 등과 같이 사람들의 특정 행동을 유도하는 장치를 행동유도장치라고 하며, 이를 통해 사람들의 행동을 유도할 수 있다. 이러한 행동유도장치는 주변에서 쉽게 볼 수 있는데, 신호등, 각종 방향표시, 안내표시 등이 해당된다.

사람들의 행동은 행동유도장치에 의해 크게 좌우된다. 따라서 사람들이 해결하고자 하는 진짜 문제를 찾기 위해서는 사람들의 행동을 이끄는 것들이 무엇이 있는지, 어떤 행동유도장치가 있는지 등을 확인하고, 또한 행동유도장치로 인한 사람들의 사용 경험이 어떻게 변화하는지도 파악해야 한다.

습관, 심리적 이유, 상호작용 등 다양한 요인이 사람의 행동에 영향을 주고 있다. 따라서 겉으로 드러나는 사람들의 행동, 불편함 등의 이면에 있는 진짜 문제를 찾기 위해서는 이면에 있는 습관, 심리적 이유, 상호작용, 주변 환경, 처해 있는 상황 등 여러 가지 원인에 대해서 검토를 해 보아야 한다.

코드^{Code}를 찾아라

사람들의 행동을 둘러싼 환경 및 상황을 이해하기 위해 파악해야 할 두 번째 요소는 사람들의 행동이 내포하고 있는 코드이다. 코드^{Code}란 특정 문화 또는 특정 사회에서 공통으로 통용되는 인식이나 의미로서 사람들의 행동을 규정하는 중요한 요인이다.

여행이라는 개념에 대해 생각해 보자. 여행 하면 가장 먼저 무엇이 떠오르나? 여행에 대한 생각이 각자 다를 수 있다. 여행이란 어떤 사람에게는 관광지를 많이 둘러보는 것일 수 있고, 또 어떤 사람에게는 현지를 체험하는 것일 수도 있다. 여행에 대한 생각, 떠오르는 이미지 등 개념이 다르기 때문에 여행과 관련하여 느끼는 불편 및 해결하고자 하는 문제 역시 달라진다. 관광지를 많이 둘러보는 것을 여행으로 생각하는 사람들은 주어진 시간 내에 최대한 많은 관광지를 보는 것이 가장 중요하며, 최대한 많은 관광지를 보는 것에 방해가 되는 것들이 가장 큰 불편이다. 반대로 여행이란 현지를 체험하는 것이라고 생각하는 사람들은 지역 문화를 체험해 보는 것이 중요하다.

위에서 언급한 여행에 대한 개념이 다르듯이, 특정 상황이나 행동에 대한 생각, 이미지 등은 세대, 문화 등에 따라 달라진다. 이와 같이 특정 계층에서 공통으로 통용되는 개념을 코드라고 정의할 수 있다. 다시 말해 코드는 사람의 행동을 규정짓는 중요한 요인으로 코드에 따라 사람들이 느끼는 불편 및 해결하고자 하는 문제가 달라진다. 따라서 사람들의 행동을 이해하기 위해서는 그들이 보이는 행동에 담겨 있는 코드, 즉 사회·문화적으로 공통으로 통용되는 인식이나 의미를 알아야 한다. 사람들이 사회·문화적 특징에 따라 어떤 생각을 가지고 있는지 알아야 거기에 맞는 적절한 해결책을 제공해 줄 수 있다.

왜 교복을 줄여 입을까? _ 사회적 코드

도대체 왜 중고등학생들은 멀쩡한 교복 바지 또는 교복 치마를 줄여서 입으려고 할까? Chapter 02에서 언급했던 것처럼 중3인 필자의 아들도 작년에 한바탕 난리를 치고 바지통을 줄였다. 바지통을 줄이면 움직이기 불편한데, 그런 불편을 감수하고서라도 통을 줄여 입으려는 아이들이 부모 입장에서는 전혀 이해가 되지 않는다. 통이 줄어든 교복 바지 또는 교복 치마에 대한 아이들의 생각은 무엇일까? 교복 바지 또는 교복 치마가 중고등학생들에게 상징하는 것은 무엇일까? 어떤 의미가 있는 것일까?

아이들의 행동을 이해하려면 통이 줄어든 교복 바지 또는 교복 치마에 대한 아이들의 생각 또는 그것들이 나타내는 상징이나 의미를 알아야 한다. 다시 말해 통이 줄어든 교복 바지 또는 교복 치마에 내포되어 있는 사회적 코드를 알아야 한다. 행동을 규정짓는 사회적 코드에 대한 이해 없이는 아이들의 행동을 이해할 수 없다.

아이들은 초등학생을 벗어나 중학생이 되면서부터, 어쩌면 초등학교 고학년 때부터 자신을 드러내는 일에 관심을 갖기 시작한다. 즉, 자신의 개성을 표현하거나 멋을 부리고 싶어 한다. 교복은 아이들의 이러한 욕구를 충족시켜주지 못한다. 오히려 방해가 된다. 아이들 입장에서 교복은 자신의 표현이라는 욕구를 충족하기 위해서 반드시 해결해야 할 문제인 것이다. 따라서 아이들은 문제 해결 방법 중의 하나로 교복을 줄여 입는 방법을 선택한다.

왜 아이들이 교복을 줄이려고 하는지 이해되는가? 아이들에게 통이 줄어든 교복 바지는 멋을 부리는 행동으로 '개성표현'을 의미한다. 즉, 개성표현과 같은 사회적 코드가 숨겨져 있는 것이다. 통이 줄어든 교복 바지처럼 특정 집단 또는 특정 계층에만 존재하는 사회적 코드가 있다. 사람들의 행동을 완전히 이해하기 위해서는 이러한 사회적 코드를 충분히 파악해야 한다. 사회적 코드는 특정 집단 또는 특정 계층의 행동을 규정짓는다.

최근에는 치아교정이 중학생들의 새로운 트렌드라고 한다. 과거에는 옷, 신발 등이 남들과 다르게 자신을 포장할 수 있는 수단이었지만, 이제는 더 이상 아이들 사이에서 차별화 수단이 되지 않는다고 한다. 치아교정이 중학생들 사이에서는 차별화를 나타내는 상징이지만, 다른 계층에게는 차별화의 상징이 아니라 감추고 싶은 상징일 수도 있다. 반대로 다른 계층에게는 차별화 코드가 되는 것들이 중학생들에게는 그렇지 않을 수도 있다. 동일한 행동도 사회적 코드에 따라 뜻하는 의미 또는 상징하는 바가 다르다. 따라서 사람들의 행동을 이해하기 위해서는 행동의 이면에 있는 사회적 코드를 파악해야 한다.

여기는 맞고 거기는 틀리다 _ 문화코드

코드는 세대뿐만 아니라 국가 또는 문화에 따라 달라질 수 있다. 악수에 대해 생각해 보자. 아랫사람이 악수를 먼저 청하는 것은 동양권 문화에서는 실례가 되는 행동이지만, 서양권 문화에서는 통용이 되는 행동으로, 이는 악수에 대한 인식, 생각 등이 국가 또는 문화에 따라 다르기 때문에 나타나는 현상이다. 즉, 악수가 가지고 있는 코드가 문화에 따라 다르기 때문이다. 이와 같이 국가 또는 문화에 따라 사람들이 공통적으로 갖고 있는 생각, 인지 등을 '문화코드'라고 하며, 사람들의 행동에 영향을 주게 된다. 문화코드가 사람들의 행동에 어떻게 영향을 주는지 좀 더 알아보도록 하자.

의료단체에서 전염병을 예방하기 위해 페루의 로스 몰리노스 지역 주민들에게 물을 끓여서 사용하도록 계도를 하는 캠페인을 진행했다. 캠페인은 더러운 물을 통해 각종 불순물과 함께 병이 옮게 되는 것을 막기 위한 방법으로 물을 끓여서 사용하도록 권장하는 활동이었지만, 전혀 작동하지 않았다고 한다. 왜 작동하지 않았을까? 물을 끓여 먹는다는 것이 사람들로 하여금 많은 노력을 들게 하는 것도 아님에도 불구하고 성공하지 못한 이유는 무엇일까?

캠페인이 성공하지 못한 이유는 '뜨거운 물'이 가지고 있는 문화코드를 파악하지 못했기 때문이다. 로스 몰리노스^{Los Molinos} 지역 주민들은 '뜨거운 물'은 오직 병자들을 위한 것으로 인식을 하고 있어, 물을 끓여서 사용해야 하는 사람은 아픈 사람들이고, 아프지 않은 사람은 물을 끓여서 사용할 필요가 없다고 생각한 것이다. '뜨거운 물'에 숨겨져 있는 문화코드를 파악했다면 대처 방안도 아마 달라졌을 것이다.

문화코드는 사람들의 행동뿐만 아니라 특정 사물, 개념, 상황 등의 이면에도 존재한다. 예를 들어 직장이라는 개념은 어떤 문화에서는 자아실현의 수단으로 인지되지만, 다른 문화에서는 생활의 수단으로 인지되기도 한다. 문화코드에 대해 더 알고 싶다면 클로테르 라파이유^{Clotaire Rapaille}의 〈컬쳐코드^{Culture Code}〉를 읽어보기 바란다. 클로테르 라파이유는 컬쳐코드에서 음식, 건강, 사치품, 자동차 등 다양한 분야에서 각 문화에 각기 다른 코드가 존재하기 때문에 이를 기반으로 제품 개발 및 마케팅을 해야 한다고 이야기하고 있다.

이처럼 동일 현상, 상황, 행동이라고 할지라도 문화에 따라 내포하고 있는 의미, 사람들의 인식 등이 달라진다. 즉, 문화코드에 따라 사람들이 해결하고자 하는 문제가 달라지고, 문제 해결 방법 역시 달라진다. 따라서 사람들이 해결하고자 하는 진짜 문제를 찾기 위해서는 사회 또는 문화에 따라 공통으로 통용되는 의미나 인식, 즉 문화코드를 찾아야 한다.

왜 그럴까?

사람들이 말하고 행동하는 이유, 원인을 파악하기 위한 딥 다이브를 진행할 때 반드시 유념해야 할 것은 "왜 그럴까?"이다. 사람들의 행동은 앞서 이야기한 것처럼 습관, 행동유도장치, 또는 상호작용의 결과로 나타나고 사회·문화적 코드에 영향을 받는다. 이외에도 사람들의 말이나 행동에 영향을 주는 다양한 이유 및 원인이 존재하며, 사람에 따라 영향을 받는 정도가 다르다. 따라서 사람들의 행동 하나하나, 말 하나하나를 주의 깊게 살펴보고, 행동과 말에 영향을 주는 것들이 무엇이 있는지 확인해야 한다.

예를 들어 지하철을 이용할 때, 백팩을 메고 있는 사람들 뒤에 서는 것을 피하는 행동에 대해 생각해 보자. 사람들이 이유 없이 백팩을 메고 있는 사람들 뒤에 서지 않으려고 하는 것은 아니다. 이유가 있다. 백팩을 메고 있는 사람들 뒤에 서게 되면 움직이기가 불편해서일 수도 있고, 백팩 때문에 자신만의 공간을 확보하기 어렵기 때문일 수도 있다. 이처럼 습관, 행동유도장치, 상호작용, 코드 외에도 사람들의 행동과 말에 영향을 주는 다양한 요인이 있다. 지금부터 사람들의 말과 행동에 영향을 주는 다양한 요인을 파악하는 방법에 대해 알아보자.

Why Questioning

'왜Why'는 사람들의 말과 행동을 보는 가장 기본적인 방법으로, 행동의 이유 및 원인을 분석하기 위한 도구라기보다는 딥 다이브를 하는 자세에 가깝다. 왜는 사람들의 행동 하나하나, 말 하나하나에 대해 '왜 그렇게 행동할까?', '왜 그렇게 말할까?' 등에 대해 생각을 해 보는 것으로 왜라는 질문을 통해 사람들의 행동과 말에 영향을 주는 것들이 무엇인지 파악해 보는 방법이다.

'왜^{Why}'는 더 이상 "왜?"라는 질문이 없을 때까지 계속해서 질문을 해서 문제의 원인을 찾아내는 방법으로, 왜는 상대방에게 하는 질문이 아니라 여러분 자신에게 하는 질문이다. "왜 사람들이 그렇게 행동을 할까?", "왜 그렇게 말할까?"라는 질문을 자신에게 던지고 답을 찾는 것이다. 답은 상상이나 허구에서 찾아서는 안 된다. 왜라는 질문에 대한 답은 관찰, 경험, 질문을 통해 파악한 사실로부터 찾아야 한다.

지금부터 "왜?" 질문을 통해 말과 행동의 원인을 찾아내는 구체적인 방법에 대해 좀 더 자세히 알아보자. 앞서 이야기한 지하철을 이용할 때 백팩을 메고 있는 사람들 뒤에 서는 것을 피하는 행동의 원인을 찾아보도록 하겠다.

관찰 행동: 사람들은 지하철을 이용할 때 백팩을 메고 있는 사람 뒤에 서는 것을 피한다.

• 왜 사람들은 백팩을 메고 있는 사람 뒤에 서는 것을 피할까?

→ 백팩을 멘 사람 뒤에 서면 백팩에 부딪치기 때문이다.

• 왜 사람들은 백팩에 부딪치는 것을 싫어할까?

→ 가방이 어깨나 가슴 등에 닿기 때문이다.

• 왜 가방이 어깨나 가슴 등에 닿는 것을 싫어할까?

→ 나의 사적인 공간을 다른 사람에게 침범 받고 싶지 않기 때문이다.

이와 같이 "왜?" 질문을 하고 거기에 맞는 답을 찾는 행위를 더 이상 질문이 없을 때까지 반복하다 보면 미처 생각하지 못했던 말과 행동의 원인을 찾을 수 있게 된다. 위에서 본 것처럼 "왜?" 질문을 통해 백팩을 메고 있는 사람 뒤에서는 것을 피하는 진짜 이유를 찾을 수 있다. 단순히 불편해서가 아니라 자신의 '사적인 공간을 지키고 싶어서'가 진짜 이유이다.

말과 행동의 원인을 찾기 위해서 무조건 사람들의 행동에 대해 "왜?" 질문을 하고 답변을 찾으면 되는가 좀 더 효율적으로 답을 찾기 위해서는 "왜?" 질문과 답을 할 때 지켜야 할 몇 가지 사항이 있으며 다음과 같다.

- 해결할 수 있는 답변을 해야 한다.

- 검증 가능한 사실만을 답변해야 한다.

- 더 이상 왜라고 질문이 없을 때까지 계속해야 한다.

첫째, "왜?" 질문에 대한 답변은 해결할 수 있는 답변이어야 한다. 질문에 대한 답만 계속한다고 해서 본질적인 문제가 파악되는 것은 아니다. 답변은 해결할 수 있어야 의미가 있다. 예를 들어 "왜 지하철 9호선은 복잡할까?"라는 질문에 지하철 9호선을 이용하는 인구가 많아서라고 답한다면 이는 적절한 답이 되지 않는다. 인구가 많은 것은 해결할 방법이 없기 때문이다. 따라서 "왜?"라는 질문이 지속될 수 없다.

둘째, 답은 검증 가능해야 한다. 검증 가능하기 위해서는 관찰, 경험, 질문 등으로부터 파악한 사실에 기초한 답변이어야 한다. 예를 들어, 사람들은 "왜 지하철 내에서 다른 칸으로 이동할까?"라는 질문에 "사람들이 부지런해서 지하철 내에서 이동하려고 한다."라는 답변을 했다고 가정해 보자. 부지런해서 이동한다는 답변은 검증이 불가능하여 답변의 적절성을 판단하기가 어렵다. 따라서 적절한 답변이 되지 못한다. 반면에 목적지에 도착하기 전

지하철에서 미리 준비하기 위해서, 또는 좀 더 출구에 가깝게 가기 위해서 등과 같은 답변은 검증이 가능하며 타당하다. 이와 같이 사전 조사를 통해 명확히 확인할 수 있는 사실만을 답변해야 한다.

셋째, 계속해서 "왜?"라는 질문을 하고 거기에 맞는 답변을 하다 보면 문제의 본질에 다다르게 된다. 문제의 본질이란 더 이상 질문할 필요가 없을 정도의 근본적인 원인이다. "왜?"라는 질문을 하는 이유는 사람들이 보이는 행동이나 말 등의 근본적인 원인, 즉 문제의 본질을 알기 위해서이다. 따라서 문제의 본질에 다다르게 되면 더 이상 질문을 하지 않아도 된다.

이와 같이 사람들이 보이는 행동이나 말에 대해 "왜?"라는 질문을 하고 답변을 하는 방법을 반복하면 문제의 원인을 파악할 수 있게 된다. 앞서 말했듯이 사람들의 행동이나 말에 영향을 주는 요인은 습관, 행동유도장치, 상호작용, 코드 외에도 자신의 경험, 심리적, 경제적 이유 등 다양하다. 따라서 "왜?"를 통해 사람들의 행동과 말에 영향을 주는 것들이 무엇인지 파악하는 것이 필요하다.

임계점Critical Point을 찾아라!

사람들이 보이는 행동 이면에 있는 이유를 찾기 위해서는 임계점Critical Point이 어디인가 확인해야 한다. 임계점이란 사람들이 참고 견딜 수 있는 한계지점으로 불편, 불만 사항 등이 임계점을 넘어서게 되면 밖으로 표출된다. 즉, 사람들은 불편, 어려움 등을 특정 지점까지는 참고 견디지만, 특정 지점을 넘어서는 순간 불만을 표출하게 되고, 이와 같이 불만을 표출하는 지점을 임계점이라고 한다. (두산백과사전에 따르면 임계점이란 저온상에서 고온상으로 상이 변화할 때, 저온상이 존재할 수 있는 한계온도·압력을 말한다)

사람들은 현재 겪고 있는 불편, 불만 등이 임계점 아래에 있으면 그것을 말이나 행동으로 표현하지 않는다. 따라서 사람들이 불만이나 불편을 표현하지 않는다고 해서 불편을 못 느끼거나 불만이 없는 것은 아니다. 단지, 임계점이 높은 지점에 있어 불편이나 불만 등이 스스로 참을 수 있는 수준 아래에 있기 때문에 말이나 행동으로 표현하지 않을 뿐이다.

따라서 사람들의 행동을 분석할 때 임계점이 어디인가 파악하는 것이 필요하다. 소비자의 행동이 임계점을 넘어섰는지, 아니면 아래에 있는지 살펴봐야 한다. 불편, 불만 등이 임계점을 넘어서게 되면 사람들은 불만을 표출하기도 하지만, 때로는 스스로 해결책을 만들어 사용하기도 한다.

임계점은 세대 또는 계층과 집단에 따라 다르다. 어떤 계층은 임계점이 낮아서 쉽게 불편이나 불만을 표출하고 그에 따른 행동전환이 빨리 일어나지만, 어떤 계층은 임계점이 높아서 행동

전환이 늦게 나타난다. Chapter 03에서 언급한 극단의 사용자들은 대부분 임계점이 낮은 사람들로 다른 사람들보다 더 쉽게 불편을 느끼며 불만을 표출하고 또는 스스로 개선책을 만들어 사용한다. 따라서 사람들을 이해하기 위해서 꼭 살펴보아야 하는 사람들인 것이다.

사람들이 보이는 행동, 느끼는 불편에는 반드시 이유가 있다. 따라서 분석을 통해 사람들의 행동이나 말 등의 이면에 있는 이유, 원인을 찾아야 한다. 이를 위해 사람들의 말이나 행동 하나하나를 살펴보아야 하며, 이를 딥 다이브라고 한다.

특정 행동을 요구하는 상황이 주기적으로 반복되어 익숙해지면, 우리의 뇌는 동일한 상황에서는 기존의 행동을 반복하도록 지시한다. 무의식적인 행동이 일어나게 되고, 무의식적 행동 아래에서는 무엇이 불편했는지, 무엇이 부족했는지를 깨닫지 못한다. 따라서 이미 익숙해져 생활이 되어버려서 사람들이 잘 깨닫지 못하는 불편함이 무엇인지 찾아야 한다.

사람들의 행동에 영향을 주는 요인에는 행동유도장치가 있으며, 각종 안내표지판, 방향지시등 등이 해당된다. 사람들의 행동은 이러한 행동유도장치에 의해 크게 좌우되기도 한다. 때문에 앞서 이야기한 병원 바닥의 화살표, 에너지절약형 고지서 등과 같이 어떤 행동유도장치를 제공하느냐에 따라 사람들의 행동변화를 이끌어 낼 수 있게 된다. 따라서 행동유도장치와 같이 사람들의 행동을 이끄는 것이 무엇인지 파악할 필요가 있다.

행동을 둘러싼 환경 및 상황을 알기 위해서는 특정 문화 또는 사회에서 공통으로 통용되는 인식 또는 생각을 알아야 하며, 이를 코드라고 한다. 특정 상황이나 행동에 대한 생각, 인식 등은 세대 또는 문화 등에 따라 달라지며, 코드에 따라 사람들이 느끼는 불편 및 해결하고자 하는 문제가 달라진다. 따라서 사람들이 보이는 말이나 행동에 담겨 있는 공통으로 통용되는 인식 또는 의미를 파악해야 한다.

습관, 행동유도장치, 상호작용, 코드 외에도 사람들의 말이나 행동에 영향을 주는 다양한 이유 및 원인이 존재한다. 이를 파악하기 위해 항상 유념해야 할 것은 '왜 그럴까', 즉 "왜Why"란 질문이다. 사람들의 행동이나 말 하나하나에 대해 "왜 그럴까"라는 질문을 던지고 관찰, 경험, 질문을 통해 파악할 사실로부터 질문에 대한 답을 함으로써 문제의 본질을 찾아가는 과정이다. 더 이상 질문이 나오지 않을 때까지 반복해서 답을 찾음으로써 알지 못했던 문제의 원인 및 창의적인 솔루션을 찾을 수 있다.

끝으로 사람들이 불편, 어려움 등을 참고 견딜 수 있는 한계지점이 어디인지 파악해야 한다. 사람들이 참고 견딜 수 있는 한계지점을 임계점이라고 한다. 불편, 불만 등이 한계점을 넘지 않으면 사람들은 그것에 대해서 잘 표현하지 않는다. 따라서 표현되지 않는다고 해서 불편이나 불만이 없다고 생각해서는 안 된다. 사람 또는 세대에 따라 느끼는 임계점이 각자 다르기 때문에 불편이나 불만이 표출되는 수준 및 지점이 다를 뿐이다. 즉, 임계점이 낮은 사람 또는 세대는 쉽게 표출하고, 반대로 임계점이 높은 사람 또는 세대는 잘 표현하지 않는다.

Case Study 3

가구는 내구재일까? 소모품일까?

미국 캘리포니아주 오클랜드에는 가구용 세제와 광택제로 유명한 C사가 있다. C사에서 일반 가정의 가구용 세제와 광택제를 제조·판매하는 사업부문이 있는데, 이 사업부문은 2005년부터 몇 년간 매출 성장의 정체로 어려움을 겪고 있었다. 더욱더 심각한 문제는 향후 2~3년 안에 매출 정체가 아니라 매출 감소가 예상된다는 점이다.

성장 정체 문제를 해결하기 위하여 C사에서는 많은 방안을 고안하고 시도하였으나 전혀 개선되지 않았다. 광고를 확대하면 매출이 성장했지만 그것도 아주 잠깐일 뿐이고, 금방 광고효과가 사라져 버렸다. 고객 세그먼트를 다시 정의하고 각 세그먼트별로 마케팅 전략을 변경해도 투자한 비용만큼 성과가 창출되지도 않았다. 또한 새로운 아이디어를 도출하고 신제품을 출시해도 시장의 반응은 거의 없었다. 도대체 어디서부터 잘못된 것일까? C사는 매출 정체를 어떻게 극복해야 할까?

C사는 매출을 성장시키기 위한 모든 시도가 큰 효과를 보이지 못하자, 소비자로부

터 답을 구하기로 하였다. 마케팅 담당자들이 직접 소비자들의 주택, 아파트, 기숙사를 방문하여 소비자들의 행동을 관찰하였다. 소비자들이 언제 어떻게 C사 제품을 사용하는지, 어떤 불만이 있는지 등을 주의 깊게 살펴보았다. 그리고 그들과의 다양한 대화를 통하여 소비자들이 가구, 세제, 주거 환경 등에 대해 어떤 생각을 가지고 있는지에 대해서도 파악하였다.

소비자 조사로부터 수집한 다양한 데이터를 분석하고 이면에 있는 의미를 해석하던 담당자들은 아주 흥미로운 사실 하나를 발견하였는데, 가구에 대한 소비자들의 생각이 점점 변하고 있다는 점이었다. 예전에는 소비자들이 가구를 구입하면 10년 이상 사용할 수 있는 '내구재'로 생각하여 가구를 깨끗하게 보존하고 광택을 내려고 하였다. 그러나 점차 가구에 대한 생각이 변하여 많은 사람, 특히 젊은 층이 가구를 '소모품'으로 보고, 디자인이 예쁘고 값이 저렴한 가구를 사용하다가 몇 년 후에는 다른 사람에게 팔거나 버리기 일쑤였다. 스웨덴 가구 회사인 IKEA의 제품들을 생각해 보면 이러한 경향을 쉽게 이해할 수 있다. 가구를 오랜 기간 사용하는 것이 아니라 몇 년 사용하고 팔거나 버릴 수 있기 때문에 애써 청소하거나 광택을 낼 이유가 없어진 것이다.

C사의 매출이 왜 정체되는지 이해가 되는가? 사람들이 해결하려고 하는 진짜 문제를 파악하지 못했기 때문에 매출을 증대시키기 위한 C사의 모든 노력이 효과를 보지 못한 것이다. 가구를 깨끗하게 유지하는 것이 소비자들이 해결하려고 하는 문제가 아님에도 불구하고, 기존 제품뿐만 아니라 새롭게 출시되는 제품 역시 가구를 깨끗이 유지할 수 있는 가구용 세제와 광택제 중심이었다. 따라서 C사에서 출시하는 상품들은 소비자들이 해결하고자 하는 진짜 문제를 해결해 줄 수 없었고, 매출이 정체될 수밖에 없었던 것이다.

다섯 번째 공감 도구 _ '융합 Synthesis'

사람들이 해결하고자 하는 진짜 문제는 무엇일까? 지금까지 딥 다이브를 통해 사람들의 말이나 행동에 영향을 주는 이유와 원인에 대해 샅샅이 살펴보았다면, 이제부터는 펼쳐 놓은 다양한 이유와 원인 등을 하나로 엮어서 사람들이 해결하고자 하는 진짜 문제를 찾아내야 한다. 다시 말해 관찰, 경험, 질문 등을 통해 찾아낸 사람들이 겪는 불편함, 행동 특징, 사회·문화적 특징 등을 정리하고 엮어서 이면에 숨어 있는 이유와 원인을 찾아내야 한다. 이와 같이 사람들의 말이나 행동에 영향을 주는 이유나 원인 등을 정리하고 엮어서 해결해야 할 진짜 문제를 찾아내는 과정을 융합 Synthesis이라고 하며, 이는 다섯 번째 공감 도구이다.

왜 사람들이 해결하려고 하는 진짜 문제를 찾아야 할까? 사람들이 필요로 하는 것, 해결하고자 하는 것을 찾아야 거기에 적합한 해결책을 제시하고 공감을 이끌어 낼 수 있기 때문이다. 만약 누군가가 여러분이 해결해야 할 문제로 생각하지 않은 것에 대한 해결책을 제안했다고 가정해 보자. 과연 해결책이 공감을 얻을 수 있을까? 공감은커녕 관심도 받지 못할 것이다. 사람들이 해결해야 할 문제로 생각하지 않는 것에 대해 해결책을 제시하는 것은 더운 여름에 갈증을 해결하고 싶어 하는 사람에게 맛있는 빵을 건네는 것과 마찬가지이다. 따라서 공감을 이끌어 내기 위해서는 사람들이 진짜로 해결하고자 하는 문제를 찾아야 한다.

그렇다면, 사람들이 해결하고자 하는 진짜 문제란 무엇일까? 사람들이 느끼는 불편일까? 아니면 충족되지 않은 욕구일까? 또는 해결하고자 하는 의지가 강한 문제일까? 어쩌면 여러분이 알고 있는 문제 대부분은 사람들이 해결하려고 하는 진짜 문제가 아닐지 모른다. 지금부터 어떤 문제가 사람들이 해결하고자 하는 문제인지 알아보도록 하자.

진짜 문제 Problems to be solved 란?

관찰, 경험, 질문을 통해 사람을 파악하고 딥 다이브를 통해 사람들을 이해하게 되면, 사람들이 느끼는 불편, 어려움, 부족한 것들이 눈에 띄게 된다. 이 중 어떤 것들을 해결해 주어야 할까? 불편, 어려움, 부족함 중 어떤 것들을 해결해 주어야 공감을 이룰 수 있을까?

가장 우선적으로 해결책을 제공해야 할 것은 사람들이 표면적으로 느끼는 불편, 어려움, 부족한 것들이 아니다. 사람들이 해결하고자 하는 진짜 문제 또는 숨은 욕구에 대한 해결책을 제공해 주어야 한다. 앞서 말했듯이 사람들은 자신이 무엇을 필요로 하는지 또는 무엇을 해결하고자 하는지 모를 때가 많다. 따라서 딥 다이브를 통해 파악한 사람들의 말이나 행동 등의 이면에 있는 다양한 원인을 분석하고 연결하여 사람들이 궁극적으로 해결하고자 하는 진짜 문제가 무엇인지 파악해야 한다.

숨어 있는 이유를 찾아라!

여러분은 다림질을 한 달에 몇 번 정도 하는가? 중고등학생 자녀를 둔 필자는 매주 일요일 저녁, 아이들 방학 때를 제외하고, 꼭 다림질을 해야 한다. 매주 일요일에 아이들 교복을 다림질하는 것이 얼마나 번거롭고 귀찮은 일인지 당사자가 아니면 잘 모른다. 바지 주름을 잡기 위해 바지를 몇 번이나 뒤적여야 한다. 때로는 주름이 잘 잡히지도 않고, 바지 앞쪽을 다리다 보면 뒤쪽이 구겨지기도 한다. 또한, 서서 다림질을 해야 한다. 불편한 것투성이다. 뿐만 아니라, 조금만 온도가 높으면 옷이 달라붙기 때문에 다리미 온도 조절을 잘해야 하는데 이 또한 쉽지 않다. 다림질을 해 본 사람은 잘 알겠지만 여간 번거로운 것이 아니다.

매주 일요일에 다림질을 해야 하는 필자가 해결하고자 하는 진짜 문제는 무엇일까? 다리미 온도 조절, 서서 하는 다림질, 바지 주름 등이 필자가 해결하려는 진짜 문제일까? 그것은 다림질을 해 본 경험이 있는 사람이면 누구나 느끼는 불편이기는 하지만 해결하려고 하는 진짜 문제는 아니다.

사람들이 해결하려고 하는 진짜 문제는 옷 주름이다. 다림질을 하는 근본적인 이유는 옷의 주름을 없애기 위함이고, 다리미 온도 조절 등 다림질과 관련한 불편은 옷의 주름을 없애기 위해 다림질을 하는 과정에서 발생하는 것들이다. 결국 다림질하면서 느끼는 모든 문제의 근본 원인은 옷의 주름에 있다. 다시 말해 사람들이 원하는 것은 온도 조절이 잘되는 다리미, 높이 조절이 가능한 다리미판, 다림질 잘하는 방법 등이 아니라 주름이 없는 옷인 것이다.

또 다른 예로 주변에서 드릴을 필요로 하는 사람이 있다고 가정해 보자. 이 사람이 진짜로 해결하고자 문제는 무엇일까? 드릴이 필요한 이유는 벽 또는 천장 등에 구멍을 뚫기 위해서일 것이다. 그럼 벽에 구멍을 뚫는 것이 진짜로 해결하려고 하는 문제였을까? 꼭 그렇지는 않다. 드릴을 필요로 하는 사람이 진짜로 해결하고자 하는 문제는 벽 또는 천장에 무엇인가를 안전하게 거는 것이다. 따라서 이 사람에게 제공해 줄 수 있는 해결책은 벽 또는 천장에 안전하게 구멍을 뚫을 수 있는 드릴이 될 수도 있고 또는 물건이 떨어지지 않을 정도의 강력한 접착제 등이 될 수 있다.

위에서 살펴본 것처럼 해결하고자 하는 문제를 어떻게 정의하느냐에 따라 해결책은 달라진다. 해결하고자 하는 문제를 다리미로 보았을 때는 온도 조절을 하지 않아도 되는 스팀다리미 등 각종 최신 다리미가 해결책이 될 수 있다. 그러나 옷 주름을 해결해야 할 문제로 보게 되면, 각종 다리미 외에도 주름이 가지 않는 와이셔츠, 구겨지지 않는 바지 등이 다양한 해결 방법으로 나올 수 있다. 여러분은 '잭필드 3종 바지'에 대해 들어본 적이 있는가? 잭필드 3종 바지는 사람들이 해결하고자 하는 진짜 문제를 다림질이 아닌 옷 주름으로 보고 구김이 가지 않는 바지를 상품으로 출시하여 2백만 장 이상을 판매한 대표적인 상품이다.

그럼 사람들이 진짜로 해결하고자 하는 문제를 어떻게 찾아야 할까? 딥 다이브를 통해 찾은 사람들이 느끼는 불편, 어려움, 부족함 등이 해결해야 할 문제가 아니라면 해결해야 할 진짜 문제는 무엇이고 어떻게 찾아야 할까?

진짜 문제는 표현되지 않고 숨어 있는 충족되지 않은 욕구로, 사람들이 보이는 모든 행동 또는 사람들이 겪는 불편, 어려움 등의 근본적인 원인이라고 할 수 있다. 따라서 진짜 문제는 딥 다이브를 통해 파악한 불편, 어려움, 부족함 등에 숨어 있는 근본적인 이유를 분석하면 쉽게 찾을 수 있다.

위에서 언급한 다림질할 때 느끼는 여러 가지 불편함, 즉 주름을 잡기 위해 바지를 뒤집는 행동, 온도 조절이 되지 않는 불편한 다리미 등은 무엇 때문에 발생하는 불편함일까? 다림질할 때 느끼는 불편함의 근본적인 이유는 앞서 언급한 것처럼 옷의 주름이다. 옷의 주름을 제거하기 위해 바지를 이리저리 뒤집기도 하고, 다리미의 온도 조절도 자유롭게 하고자 하는 것이다. 또 다른 예로 사람들이 드릴을 필요로 하는 이유는 무엇일까? 사람들이 드릴을 필요로 하는 이유는 벽 또는 천장에 물건을 안전하게 걸기 위한 것이다.

이와 같이 사람들이 보이는 행동, 그들이 느끼는 불편 등의 근본 원인에 대해서 파악하면 사람들이 해결하려고 하는 진짜 문제를 찾을 수 있게 된다. 진짜 문제를 찾았으면 사람들이 해결하고자 하는 진짜 문제인지 검증을 해야 한다. 융합 과정을 통해 찾아낸 문제에 대해 사람들의 해결 의지가 높은지 또는 비용 지불 의향이 있는지 등을 확인해 보면 진짜 문제인지 알 수 있다.

문제의 조건과 비교하라!

앞서 이야기한 것처럼 반드시 해결하려고 하는 의지가 있는지, 비용을 기꺼이 지불할 의향이 있는지 등 몇 가지 사항을 판단해 보면 해결하고자 하는 진짜 문제인지 아닌지 알 수 있다. 예를 들어 위에선 언급한 '옷 주름'을 확인해 보자. 과연 사람들이 해결하려고 하는 진짜 문제일까? 옷 주름은 대부분의 사람들이 불편을 느끼고 있는 사항이며, 기꺼이 비용을 지불하고서라도 해결하려고 노력하는 문제로 진짜 문제라고 할 수 있다.

옷 주름에서 본 것처럼 사람들이 해결하려고 하는 진짜 문제는 높은 비용 지불 의향, 해결 의지 등과 같은 특징들을 가지고 있다. 이외에도 진짜 문제들은 보이는 몇 가지 특징을 가지고 있으며 다음과 같다.

- 얼마나 절실한가?

- 누구나 쉽게 공감이 되는가?

- 비용을 기꺼이 지불할 의향이 있는가?

- 현재 해결책이 제공되지 않는가?

해결하고자 하는 진짜 문제가 보이는 첫 번째 특징은 사람들이 문제 해결의 필요성을 절실하게 느낀다는 것이다. 다시 말해 사람들이 느끼는 불편 또는 필요의 정도가 커서 반드시 해결하려는 의지가 높다는 것이다. 브리검영 ^{Brigham Young} 대학의 네이선 퍼 ^{Nathan Furr}와 제프 다이어 ^{Jeff Dyer} 교수는 그들의 저서 〈이노베이터 메소드 ^{Innovator's Method}〉에서 문제의 불편 정도를 상어가 문 것인지 아니면 모기가 문 것인지에 빗대어 설명을 한다. 상어에게 물렸다는 것은 그만큼 고통도 크고 어쩌면 생사가 달린 문제로 치료를 꼭 받아야 하지만, 모기에게 물린 것은 아주 잠깐 가렵기는 하지만 특별한 치료를 하지 않아도 될 정도의 작은 상처이다. 따라서 상어에게 물린 정도의 문제라고 한다면 어떻게 해서든지 해결책을 찾아야 하지만, 모기에게 물린 정도의 문제라고 한다면 해결책이 없어도 그만인 불편인 것이다. 결국 진짜 문제 여부를 판단할 때는 상어에게 물린 상처인지 아니면 모기에게 물린 상처인지 확인을 해봐야 한다.

두 번째 특징은 문제에 대한 설명을 들었을 때 누구나 쉽게 공감한다는 것이다. 사람들은 종종 불편 또는 필요에 대해 자각하지 못한다. 특히, 불편이 습관이 되어 생활의 일부분이 되어버리면 더더욱 불편이나 필요성을 느끼지 못한다. 그러나 문제가 제기되었을 때 바로 수긍하거나 공감한다는 것은 습관이나 생활에 묻혀 가려져 있던 불편 또는 필요성이 자각할 수 있을 정도로 크다는 의미이다. 또한 누구나 쉽게 공감한다는 것은 특정 사람 또는 집단만 느끼는 문제가 아니라 많은 사람이 공통으로 느끼고 있다는 뜻이기도 하다. 사람마다 느끼는 불편, 필요 정도가 다름에도 불구하고 많은 사람이 공통적으로 느끼는 문제라고 한다면 그만큼 해결 필요성이 높다는 의미이다.

세 번째 특징은 사람들이 기꺼이 비용을 지불하고서라도 문제를 해결하려고 한다는 것이다. 비용을 지불할 의향이 있다는 것은 그만큼 느끼는 불편이 크다는 것이다. 비용이란 금전적 비용뿐만 아니라 사람들이 들이는 노력과 시간 등을 포함한다. 사람들은 느끼는 불편이 크다면 비용을 지불하고서라도 해결하려고 하겠지만, 불편이 크지 않다면 비용을 지불하지 않을 것이다. 위에서 언급한 것처럼 사람들은 '옷 주름'이라는 불편을 해결하기 위해 비용을 기꺼이 지불하고자 한다. 이는 '위클리 셔츠'와 같이 다림질 된 셔츠를 배달하는 서비스가 계속해서 등장하는 이유이다. 사람마다 느끼는 불편 정도가 다르기 때문에 비용의 지불 정도는 다를 수 있지만, 많은 사람이 기꺼이 비용을 지불하고자 한다. 시간과 노력을 들여 직접 다림질하는 것보다 금전적 비용을 지불하고 문제를 해결하는 것이 더 나은 방법이라고 판단하는 것이다. 결국 '옷 주름'이라는 불편은 비용 지불 의향이 높은 진짜 문제이다.

네 번째 특징은 사람들이 겪는 불편을 해결해 주는 방안이 없거나 또는 충분하지 않다는 것이다. 해결 방안이 제공되지 않고 있다는 것은 다른 사업자들이 진짜 문제를 찾아내지 못했거나 또는 내가 찾은 문제가 사람들이 해결하고자 하는 문제가 아닐 수도 있다는 것이다. 사람들이 느끼는 불편이 진짜 문제인지 확인해야 한다. 사람들은 불편이 크지만 해결책이 없을 경우 종종 스스로 해결 방법을 만들어서 사용하기도 한다. 따라서 사람들이 느끼는 불편이 진짜 문제라고 한다면 나름대로 해결 방안을 만들어서 사용하는 모습을 확인할 수 있지만, 그렇지 않다면 진짜 문제가 아닐 수도 있다.

일부 여성들은 화장품 냉장고가 나오기 전까지 화장품을 일반 냉장고에 넣어놓고 사용했다. 화장품을 신선한 상태로 사용하고자 하는 욕구가 있었지만, 화장품 전용 냉장고라는 해결 방안이 없어 스스로 일반 냉장고라는 해결 방안을 만들어서 사용한 것이다.

또한 해결 방안이 충분하지 않다는 것은 기존의 솔루션이 사람들이 겪는 불편 등의 문제를 완전히 해결해주지 못하고 있거나 또는 기존의 솔루션을 활용하는 비용이 너무 커서 쉽게 사용하지 못한다는 의미이다. 다시 말해, 사람들이 문제 해결에 있어서 여전히 불편을 겪고 있다는 것으로 사람들이 겪는 문제 해결을 위한 새로운 해결 방안이 필요하다는 뜻이기도 하다.

사람들이 겪는 불편, 어려움 또는 필요로 하는 것 중 가장 먼저 해결해 주어야 할 것은 무엇일까? 사람들이 해결하고자 하는 진짜 문제를 찾아서 가장 먼저 해결해 주어야 한다. 해결하고자 하는 문제의 정의를 어떻게 하느냐에 따라 해결책이 달라지기 때문이다.

해결해야 할 진짜 문제란 무엇일까? 진짜 문제는 표현되지 않고 숨어 있는 충족되지 않은 욕구Unmet Needs이다. 다림질할 때 사람들이 진짜로 해결하고자 하는 것은 다리미판, 온도 조절이 안 되는 다리미가 아니라 '옷 주름'인 것처럼, 사람들이 불편 또는 필요성을 느끼는 근본적인 이유가 무엇인지에 대해 생각해야 한다. 앞서 이야기한 것처럼 드릴을 필요로 하는 사람의 경우에 드릴이 필요한 이유가 무엇일까에 대해서 생각해 보는 것이다. 드릴을 필요로 하는 이유는 벽 또는 천장에 물건을 안전하게 걸기 위한 것이다.

끝으로, 사람들이 보이는 행동의 원인을 찾았다면 진짜 문제가 가지고 있는 조건에 적합한지 확인해야 한다. 조건에 부합해야 사람들이 해결하고자 하는 진짜 문제라 말할 수 있다.

Case Study 4
Clustering & Framework

사람들이 해결하고자 하는 진짜 문제를 도출하기 위해서 가장 많이 사용하는 융합 방법 중 하나가 군집형성Clustering과 분석틀Framework이다. 군집형성과 분석틀은 사람들이 느끼는 크고 작은 불편, 욕구, 해결하고자 하는 다양한 문제를 분류하고 연결하는 방법이다.

'원숭이', '바나나', '사자'라는 세 가지 단어를 비슷한 내용끼리 그룹으로 묶어 분류해 보자. 원숭이와 사자를 한 그룹으로 묶을 수 있고, 원숭이와 바나나를 한 그룹으로 묶을 수 있다. 원숭이와 사자 그룹은 동물을 의미하고, 원숭이와 바나나는 동물과 먹이 관계를 의미한다. 이와 같이 비슷한 내용끼리 묶어서 분류하고, 각 그룹별로 공통으로 의미하는 내용이 무엇인지 정리하는 방법을 군집형성(또는 클러스터링)이라고 한다. 군집형성에서 그룹 분류 후 그룹이 공통으로 의미하는 내용을 정리할 때 왜 사람들이 그렇게 느끼는지, 또는 왜 그런 행동을 하는지 등의 이유로 정리하는 것이 좋다.

클러스터링을 할 때 가장 중요한 것은 군집의 '수준level'을 결정하는 것이다. 군집 수준이 너무 상위 차원이거나 구체적이면 분석하기가 어렵다. 군집 수준이 상위 차원일 경우 그룹이 공통으로 의미하는 내용의 정의가 상위 차원일 가능성이 높아지며, 반대로 너무 구체적이면 공통으로 의미하는 내용이 너무 작은 단위로 정의가 되어버린다. 아쉽게도 어떤 수준에서 어떤 기준으로 군집을 분류할 것인지에 대한 명확한 정답은 없다. 다만, 찾고자 하는 진짜 문제의 수준을 기준으로 결정하면 된다.

분석틀^{Framework}이란 도출된 다양한 크고 작은 문제를 공통의 기준으로 분류하고, 그것을 중심으로 분류된 내용들이 공통으로 가지고 있는 의미를 찾는 방법이다. 분석틀에는 다음의 그림에서 보는 것처럼 X축, Y축을 기준으로 정도에 따라 내용을 분류하는 2 by 2 매트릭스, 의사 결정 또는 행동의 흐름에 따라 내용을 분류하는 사용자 여정^{User Journey}, 소비자의 상태에 따라 행동변화를 분류하는 사용자 모드^{User mode} 등 다양한 형태가 있으며, 필요에 따라 선택 및 수정하여 사용하면 된다. 어떤 분석틀을 사용할지 결정했으면, 분석을 통해 찾은 사람들의 다양하고 크고 작은 문제를 분석틀을 기준으로 분류하고, 분류된 내용별로 공통의 의미를 찾으면 된다.

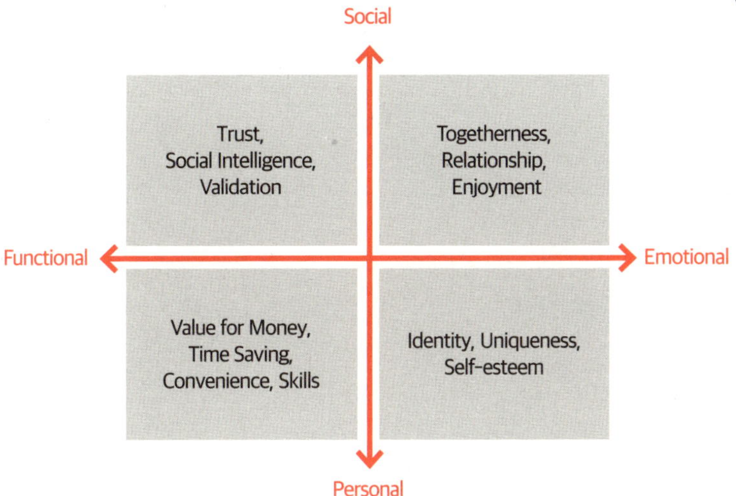

[쇼핑 추구 가치 Matrix]

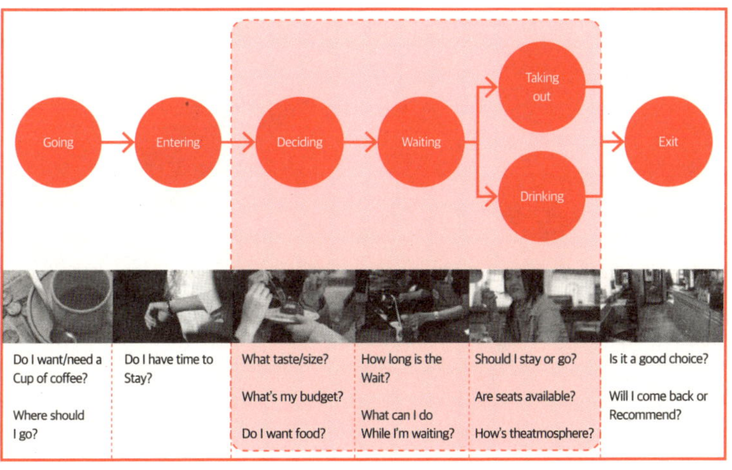

[Café 이용 Journey]

PART 03

세 번째 질문

"어떻게 공감을 형성해야 하는가?"

Chapter 06

해결책을 만들어라!

사람 이해하기	문제 파악하기	해결책 만들기
• 관찰 • 경험 • 질문	• 분석(Deep Dive) • 융합(Synthesis)	• 창의적 아이디어 • 컨셉(Concept)

앞서, "공감을 위해 필요한 것은 무엇인가?"라는 질문을 통해 공감이란 무엇이며, 공감을 이루기 위해 필요한 것들은 무엇인지 살펴보았다. 간략히 정리해 보면 공감이란 단순히 상대가 느끼는 아픔, 어려움 등의 감정을 이해하거나 아는 것이 아니라, 그들의 감정을 함께 느끼고 공유하는 것이다. 상대를 이해한다는 말은 상대방의 입장에서 생각하고 행동함으로써 그들의 충족되지 않은 욕구, 즉 그들이 해결하고자 하는 진짜 문제를 파악해야 한다는 뜻이다. 또한 아픔, 어려움을 함께 느끼고 공유한다는 것은 해결하고자 하는 진짜 문제에 적합한 해결 방법을 제시해야 한다는 의미이다. 간단히 말해 공감을 이룬다는 것은 사람들이 해결하고자 하는 문제를 파악하고, 문제에 적합한 해결 방법을 제공해 주는 것이다.

소비자들이 겪는 불편, 어려움 등을 파악했다고 공감이 이루어지지는 않는다. 소비자들에게 그들이 겪는 불편, 어려움 등을 함께 느끼고 있다는 사실을 전달해야 공감을 얻을 수 있다. Chapter 01에서 이야기한 H 정형외과처럼 환자의 아픔을 함께 느끼고 있다는 것을 명확히 전달해야 한다. H 정형외과는 '맞장구'를 통해 아픔을 함께하고 있다는 사실을 전달하여 공감을 이끌어 내고 있으며, 이를 통해 진정으로 환자를 위한 병원이라는 이미지를 심어주고 있다.

무조건 해결 방안을 제공한다고 해서 공감이 이루어지지는 않는다. 어떤 해결 방안을 제공하느냐에 따라 달라진다. 예를 들어 A 병원에서 검사실을 찾는 데 어려움을 겪는 환자의 문제를 해결하기 위한 두 가지 해결 방법을 제공하고 있다고 가정해 보자. 해결 방법 중 하나는 병원 복도 바닥에 색깔별로 검사실 이름이 적힌 화살표를 부착하여 안내하는 방법이고, 다른 방법은 검사실 약도가 그려진 안내장을 배포하는 방법이다. 환자들은 어떤 방법에 공감할까? 두 가지 모두 검사실을 찾는 데 어려움을 겪는 환자의 문제를 위한 해결 방안이지만, 두 번째 방법은 환자에게 약도를 해석해야 하는 또 다른 번거로움을 제공하고 있어서 환자로부터 공감을 얻기 어렵다.

모든 해결 방안이 공감을 이룰 수 있는 것은 아니다. 사람들이 수긍할 수 있는 최적의 해결 방안을 전달해야 공감을 이룰 수 있다. 최적의 해결 방안 외에도 어떤 가치를 전달하느냐에 따라 소비자의 반응이 달라진다. Chapter 01에서 예를 든 '햇반'을 보면 소비자에게 어떤 가치를 전달하느냐가 공감에 있어서 중요한 요소임을 알 수 있다. '간편함'이라는 가치와 '밥보다 맛있는 밥'이라는 가치를 전달했을 때 소비자의 반응이 확연히 달라졌다.

사람들이 느끼는 불편, 어려움 등을 이해하는 것은 공감을 위한 준비단계일 뿐이다. 준비가 되었으면 소비자가 공감할 수 있는 해결 방안을 만들고, 공감할 수 있는 가치를 담아 전달해야 한다. 이를 위해서는 문제 해결을 위한 다양한 아이디어를 발산하고, 발산된 아이디어를 연결해서 사용 가치를 담아 컨셉Concept을 만들어야 한다. 컨셉이 만들어졌으면 다음으로 컨셉을 시장에서 검증하고 수정해야 한다. 이와 같이 아이디어를 발산하고 연결하여 컨셉을 만들고 수정하는 과정을 [문제 해결하기] 또는 [해결책 만들기]라고 하며, 일곱 번째 공감 도구인 창의적 아이디어Creative Idea 통해 이루어진다.

여섯 번째 공감 도구 _
'창의적 아이디어 Creative Idea'

해결 방안을 수립하기 위한 첫 번째 단계는 창의적 아이디어 Creative Idea 발산이다. 창의적 아이디어란 다른 사람들이 보기에 그럴 듯하고, 다른 사람이 생각하지 못하는 아이디어를 의미하지 않는다. 창의적 아이디어란 정제되지 않고 검증되지 않은 날것 그대로의 아이디어를 말한다. 검증되지 않았고, 정제되지 않아 때로는 엉뚱하고, 실현이 불가능한 아이디어일 수도 있지만, 전혀 상관이 없다.

누구에게든 아이디어를 내보라고 하면 대부분 스스로 머릿속으로 정제를 하거나, 실현 가능성을 고려하여 그럴듯해 보이는 아이디어 몇 개만 내고 만다. 아이디어를 발산한다는 것은 실현 가능성, 차별성 등을 고려하지 않고 마구 쏟아내야 한다는 의미다. 실현 가능성, 차별성 등을 고려하는 것은 아이디어를 생각하는 데 방해만 된다.

해결책을 만들기 위해 필요한 아이디어는 정제되지 않은 날것 그대로의 아이디어다. 다양한 아이디어가 모이고 난 후 아이디어를 분류하고 연결해서 컨셉으로 발전시키면 되기 때문에 아이디어를 발산하는 처음부터 실현 가능성 등의 제약을 둘 필요가 없다. 이것저것을 따져보고 정제해서 찔끔찔끔 낼 것이 아니라, 가능한 많이 내야 한다. 다시 말해 창의적 아이디어는 스스로 기준을 정하고 걸러서는 안 된다. 거르지 말고 뿜어내야 한다. 아이디어에는 정답이 있을 수 없기 때문에 생각할 수 있는 모든 아이디어를 발산하는 것이 필요하다.

그럼, 창의적 아이디어를 발산하기 위해서 무엇을 어떻게 해야 할까? 많은 사람이 창의성, 효율적인 아이디어 도출 방법 등이 필요하다고 이야기한다. 과연 그럴까? 어쩌면 창의성, 아이디어 도출 방법 등이 필요 없을지도 모른다. 지금부터 창의적 아이디어를 발산하기 위해 필요한 것이 무엇인지 알아보도록 하자.

아이디어 발산을 위한 구체적인 방법 또는 조건에 대해 알아보기 전에 먼저 창의적으로 생각하는 방법에 대해 알아야 한다. 아이디어를 잘 내기 위한 기본은 창의적으로 생각하는 것이다. 창의적으로 생각하기가 되지 않는다고 걱정할 필요는 없다. 창의적으로 생각한다는 것은 동일한 사물이나 현상을 다른 사람과 다르게 볼 수 있고, 다르게 생각할 수 있다는 의미다. 따라서 창의적으로 생각할 수 있는 능력은 타고나는 것이 아니라 누구나 부단한 훈련과 노력을 통해 습득할 수 있다. 태어날 때부터 창의적으로 태어난 사람은 없다. 다음 사항을 충분히 숙지하고 연습한다면 누구나 창의적인 사람이 될 수 있다.

낯설게 하기

사람의 두뇌는 새로운 것을 거부하고 익숙한 것을 찾는 경향이 있다. 새로운 것을 접하게 되면 저장된 정보를 확인하고 서로 연결하기 위해 많은 에너지를 소모해야 한다. 그래서 뇌는 에너지 소모를 줄이기 위해 최대한 익숙한 것에 머물러 있는 상태를 유지하려고 한다. 따라서 새로운 자극이 없으면 뇌는 계속해서 익숙한 상태에 머물러 있게 되고, 새로운 생각을 하지 않게 된다. 반대로 새로운 것을 접하게 되면 저장된 정보를 찾아보고 서로 연결하기 위해 두뇌를 활용하게 되며, 이 과정에서 생각하지 못했던 새로운 아이디어를 떠올릴 수 있게 된다. 창의성을 키우기 위해서는 두 뇌에 새로운 자극을 주어야 한다.

새로운 자극을 준다는 것은 기존의 익숙한 것에서 벗어나 낯선 환경에 자신을 노출시키는 것이다. 낯선 환경에 노출되면 새로운 자극을 받게 되고 자연스럽게 새로운 생각이 가능해진다. 낯선 환경에 노출시켜야 한다고 해서 멀리 떠나서 여행을 해야 한다는 의미는 아니다. 물론 여행을 다니는 것도 창의성을 키울 수 있는 좋은 방법 중에 하나이기는 하지만, 일상생활에서도 얼마든지 자신을 낯설게 함으로써 창의성을 키울 수 있다.

항상 걷던 길이 아닌 다른 길을 찾아서 가보거나, 또는 매번 똑같은 패턴의 출퇴근 방법을 바꾸어 보는 것도 자신을 낯설게 하는 방법이다. 지금까지 'A 방법 또는 A 길'로 출퇴근을 했다면 내일부터 일주일 정도만 'B 방법 또는 B 길'로 출퇴근을 하고, 다시 A 방법 또는 A 길로 출퇴근을 해 보자. 그전에 보지 못했던 새로운 것들을 볼 수 있고 새로운 자극도 받을 수 있을 것이다. A 길에서 B 길로 출퇴근길을 바꾸어 보면 매번 퇴근하던 A 길이 낯선 출퇴근길이 되어, 새로운 자극으로 다가오게 된다. 출퇴근 방법을 바꾸는 것이 어렵다면 점심식사 후 주변을 산책해 보는 것도 새로운 자극을 줄 수 있는 방법이다. 물론, 산책로가 익숙해지면 새로운 산책로로 바꾸어 주는 것이 좋다.

사람의 뇌는 우리가 상상하는 것보다 게으르다. 매번 똑같은 패턴, 생활을 반복하고 새로운 자극을 주지 않으면 절대로 새로운 생각을 하지 않는다. 기존에 알고 있던 것에서, 또는 익숙한 것에서 벗어나지를 못한다. 따라서 창의적 생각을 하기 위해서는 계속해서 자신을 낯선 환경에 노출시켜 새로운 자극을 주어야 한다.

다르게 생각하기

어린아이들을 보면 어른들과 다르게 사물을 항상 다른 각도에서 본다. 예를 들어 꽃을 그린다고 가정해 보자. 성인들은 초록색 잎에 꽃이 있는 그림을 그리지만, 어린아이들이 그린 그림은 색깔이 다르고, 꽃 모양도 다 다르게 그린다. 왜 그럴까? 아이들은 동일한 꽃도 전혀 다르게 보고 새로운 관점에서 생각하기 때문에 각자 다르게 그릴 수가 있다.

그렇지만 아이들의 이런 다양한 생각과 행동을 어른들이 일정한 틀에 가두어 버리는 것은 아닌지 생각해 볼 필요가 있다. 남들과 다르게 답을 적었다고 해서 정답이 아니라고 말하고, 남들과 똑같이 생각하고 똑같은 답을 말하라고 강요하고 있는지도 모른다.

창의적 생각이란 아이들처럼 다르게 생각하는 것을 말한다. 또한 다르게 생각한다는 것은 남들과 똑같은 시각, 관점에서 사물이나 현상을 보는 것이 아니라 다른 관점 또는 시각에서 보는 것이다. 이를 위해서는 발상의 전환이 필요하다. 발상의 전환을 통해 남들이 보지 못하는 새로운 기회를 볼 수 있으며, 새로운 아이디어로 시장을 확보할 수도 있다.

미국 렌트카 회사인 엔터프라이즈Enterprise는 발상의 전환을 통해 후발주자에서 업계 1위를 달성한 기업이다. 미국은 자동차 렌트가 매우 활성화되어 있는 시장으로 소비자 대부분이 공항에서 차를 렌트하고 반납한다. 후발주자인 엔터프라이즈가 성공하기 위해서는 역시 공항에 거점을 마련해야 했지만, 기존의 강자인 허츠Hertz나 애비스Avis와 같은 대형업체들이 이미 공항에 자리를 잡고 있어 공항에 거점을 마련하기 어려운 상황이었다.

이에 엔터프라이즈는 발상의 전환을 통해 문제를 해결했다. 엔터프라이즈는 "왜 차를 꼭 공항에서 빌려야 하는가?"라는 질문을 스스로에게 함으로써 문제를 다른 관점에서 보기 시작했다. 관점을 바꾸어 보면 기존에 보이지 않던 것이 보이게 된다. 관점을 바꾸어 꼭 공항에서 차를 빌리고 반납할 필요가 없다는 생각을 한 엔터프라이즈는 다음 그림에서 보는 것처럼 고객이 원하는 장소에서 차를 빌리고 반납할 수 있게 해주는 'Pick-up & Drop-off' 서비스를 시행, 소비자들의 폭발적인 호응을 얻었고, 결국 업계 1위로 올라서게 된다. 소비자들은 긴 비행 후 공항에서 30분 이상을 기다리면서 차를 빌리는 것보다 대중교통을 이용해 숙소로 이동한 후 자신이 원하는 시간에 편하게 차를 이용할 수 있다는 점을 좋아했다.

[엔터프라이즈 광고]

엔터프라이즈 사례에서 알 수 있듯이 관점을 다르게 해서 문제를 바라보면 새로운 해결 방안을 찾을 수 있다. 상자 안에 갇혀 있으면 절대로 상자 밖을 보지 못한다. 문제 밖에서 문제를 바라보고 해결책을 찾아야 한다. 관점을 바꾸어 제 3자의 입장에서 문제를 바라보면, 미처 생각하지 못했던 것들을 볼 수 있다.

지금부터라도 창의성을 키우기 위해 일상생활에서 부딪치게 되는 사물이나 현상에 대해 다른 관점에서 보고 생각하는 연습을 해보도록 하자. 왜 꼭 도로의 차선은 도색해야만 하는가? 그냥 스티커로 자유롭게 띠었다 붙였다 하면 안 되나? 왜 꼭 횡단보도 신호등을 보기 위해서 고개를 들어야 하나? 핸드폰을 보려면 계속 고개를 숙이고 있어야 하는데, 신호등이 아래나 옆에 있으면 안 되나? 등등 자꾸 연습을 하다 보면 창의적인 아이디어들이 떠오르게 될 것이다.

질문하기

창의적 생각하기의 기본은 제대로 된 질문을 하는 것이다. 해결하고자 하는 문제가 무엇인지 정확히 파악하는 것이 창의적인 아이디어의 출발점이다. 문제가 무엇인지 정확히 파악하기 위해서는 정확한 질문을 해야 한다. 문제 해결의 답은 질문에 있다. 핵심을 찌르는 질문이야말로 해결책을 찾기 위한 지름길이다.

필자와 동료들이 과제를 수행할 때 가장 먼저 하는 일이 바로 핵심 질문Key Questions을 만드는 것이다. 핵심 질문이란 과제 수행을 통해 궁극적으로 파악하고자 하는 것이 무엇인지 묻는 질문이다. 과제 수행을 통해 얻고자 하는 것이 무엇인지 스스로에게 질문을 던져보아야 한다.

과제를 추진하면서 항상 느끼는 것이지만, 핵심 질문과 과제를 통해 찾아야 하는 것의 리스트를 종종 혼동하는 경우가 많다. 예를 들어 "대형 마트에서의 소비자 행동 패턴은 무엇인가?"라는 질문이 있다고 가정해 보자. 이 질문은 핵심 질문일까? 소비자 행동 패턴은 관찰, 질문 등을 통해 파악할 수 있는 사실 중 하나이지 과제를 통해 파악하고자 하는 본질적인 답은 아니다. 핵심 질문을 작성해 보면 소비자 행동 패턴을 파악하는 것은 진짜 문제를 찾기 위한 수단 중 하나임을 쉽게 알 수 있다.

올바른 질문을 하는 다른 방법은 스스로에게 "왜?"를 질문하고 스스로 답하는 것이다. 사물이나 현상 등을 볼 때마다 끊임없이 "왜?"라는 질문을 하고 스스로 답을 찾다 보면 기존에 미처 보지 못했던 새로운 사실들을 파악하게 되고, 새로운 생각도 하게 된다. 물론, 계속해서 "왜?"라는 질문을 한다는 것이 쉬운 일은 아니다. 그렇지만 호기심을 갖고 사물이나 현상 등을 바라보게 되면 자연스럽게 "왜?"라는 질문을 스스로에게 할 수 있게 된다. 왜 코카콜라는 빨간색일까? 왜 우체통은 빨간색일까? 왜 산타는 빨간색 옷을 입을까? 등과 같은 질문을 스스로에게 하는 연습을 꾸준히 해보자.

호기심을 질문으로 가장 잘 연결하는 사람은 아이들이다. 아이들은 계속해서 "왜?"라는 질문을 한다. 그만큼 궁금한 것도 많고 호기심도 많기 때문이다. 아이들의 질문들이 어른들을 지치고 힘들게 할 때도 있지만, 아이들의 창의성 향상을 위해서 질문을 받을 때마다 귀찮게 여기지 말고 상세히 답변을 해주어야 한다.

말랑말랑 해지기

몸과 마음이 경직되어 있는 상태에서는 창의적인 생각을

하기 어렵다. 긴장하게 되면 평소에 잘 알고 있는 내용도 잘 떠오르지 않는데 하물며 창의적인 생각을 할 수 있을까? 창의적 생각은 다른 관점에서 사물을 볼 수 있는 유연한 사고에서 나온다. ‘1+1’은 무조건 ‘2’가 되어야 하는 경직된 생각이 아니라, ‘1+1’이 ‘2’가 아닐 수도 있다는 유연한 사고에서 창의적 아이디어가 나온다. 최근 들어 많은 회사가 출퇴근 복장을 자유롭게 하고, 직급제를 없애는 것도 직원들이 유연한 사고를 통해 창의적 발상을 할 수 있도록 하기 위함이다.

문제가 풀리지 않을수록 대부분의 사람이 책상에서 풀리지 않은 문제를 끌어안고 씨름하는 경우가 많다. 골머리를 싸매고 책상에 앉아 있다고 해서 없던 아이디어가 갑자기 떠오르지는 않는다. 오히려 스트레스만 쌓이고 이로 인해 몸과 마음이 더욱 경직되어 버린다. 문제가 풀리지 않을 때는 유연한 사고를 할 수 있도록 경직된 몸과 마음을 풀어주는 것이 필요하다.

유연한 사고를 하기 위해 필요한 첫 번째 방법은 휴식시간을 갖는 것이다. 휴식을 통해 기분을 전환하게 되면 몸과 마음의 긴장이 풀어지고 여유가 생겨 다른 시각에서 문제를 바라볼 수 있게 된다. 기존에 보지 못했던 시각에서 볼 수 있기 때문에 한참 문제에 몰두해 있을 때는 보이지 않던 해결책이 보이게 된다. 따라서 문제가 풀리지 않을 때는 잠시 문제에서 떨어져 휴식시간을 갖고 긴장을 푸는 것이 필요하다. 두 번째는 음악을 듣거나 좋았던 일들에 대해서 생각해 보는 방법이다. 음악이나 좋았던 일들을 생각하는 것은 마음을 차분히 가라앉게 해 주고, 기분을 좋게 만들어 몸과 마음의 긴장을 풀어주는 효과가 있다. 기분이 좋아지면 뇌에서 엔도르핀이 생성되어 창의적인 생각을 할 확률이 높아진다. 세 번째는 운동을 하는 방법이다. 땀을 흠뻑 흘리며 운동을 하면 머리에 떠오르는 잡생각도 없앨 수 있고, 엔도르핀도 생성되어 훨씬 더 창의적으로 생각할 수 있게 된다.

연결하기

창의적이라는 것은 세상에 존재하지 않았던, 기존에 없던 새로운 것을 만들어 내는 것이 아니라 문제 해결에 가장 적합한 것을 찾아내는 것이다. 세상에 없던 새로운 것을 생각하는 것은 창의적이라기보다는 상상에 가깝다. 예를 들어 누군가 물속에서 움직이는 자동차에 대해서 이야기를 한다면 그 사람을 창의적인 사람이라고 말할 수 있을까? 아니면 상상력이 뛰어난 사람이라고 말할까? 상상력이 풍부하다고 이야기할 것이다. 물론 상상력이 창의성이 밑바탕이 될 수는 있다.

따라서 창의적 아이디어를 생각하기 위해서 세상에 없던 것을 만들어 내는 발명가, 또는 아직 존재하지 않는 것을 찾아내는 탐험가가 될 필요가 없다. 기존에 있던 것을 잘 연결하기만 해도 창의적인 사람이 될 수 있다. 애플의 스티브 잡스^{Steve Jobs}는 창의성에 대해 기존의 것들을 새롭게 결합하는 능력이라고 정의한 바 있다.

다른 산업의 성공적인 사례나 아이디어를 연결하여 문제에 적합한 해결 방안을 찾아내는 연습을 해보도록 하자. 동종 산업 내에서 뿐만 아니라. 이종 산업 간의 연결도 상관이 없다. 주먹밥과 햄버거를 결합한 '밥버거'는 연결을 통해 성공한 대표적 상품이다.

미리 준비하기

창의적인 생각이란 하루아침에 만들어지지 않는다. 꾸준한 연습을 통해서 가능하다. 자신이 불편하게 느끼거나 또는 부족하다고 생각되는 것들에 대해 리스트를 작성하고 생각날 때마다 꾸준히 아이디어를 내보는 연습을 해야 한다. 위에서 언급한 것처럼 뇌에 새로운 자극을 주면서 발상의 전환을 통해 아이디어를 내는 연습을 해보는 것이 필요하다. 평소에 훈련이 되어 있지 않으면 창의적인 아이디어를 발산해야 할 때, 아이디어가 전혀 떠오르지 않을 수 있다.

창의적으로 생각하는 방법을 충분히 숙지하고 연습을 했으면, 다음으로 창의적 아이디어를 발산해보도록 하자. 아이디어를 발산해야 한다고 하면 가장 먼저 떠오르는 것이 무엇인가? 아마 대부분 어떻게 하면 아이디어를 많이 낼 수 있는지 또는 어떤 방법을 활용하는 것이 아이디어를 내는 가장 좋은 방법인지에 대해 생각할 것이다.

하지만 방법이 좋다고 해서 많은 아이디어를 발산할 수 있는 것도 아니며, 창의적 아이디어가 나오는 것도 아니다. 좋은 방법 외에도 다른 조건들이 들어맞았을 때 창의적이 아이디어가 나온다. 아이디어를 내기에 좋은 환경, 적절한 방법, 사람들의 태도 등 세 박자가 맞을 때 다양하고 창의적인 아이디어를 발산할 수 있다.

Environment

여러분에게 문제 해결을 위한 아이디어를 내라는 지시가 떨어져서 동료 몇 명과 회의를 위해 모여 있다고 생각해 보자. 어떤 모습이 떠오르는가? 아이디어 회의를 하면 대부분 메모할 수 있는 필기도구를 가지고 회의실에 모여, 아이디어를 내야 할 주제를 적어 놓고, 한 시간에서 길게는 두 시간 정도 이야기를 할 것이다. 또는 누군가(아마 대부분 부서장 또는 시니어일 것이다) 회의를 주재하고 참가자들이 돌아가면서 한마디씩 할 것이다. 아마 지금껏 이와 같은 모습으로 아이디어를 내기 위한 회의가 진행되었을 것이고, 회의 결과로 도출된 아이디어도 새롭거나 창의적이지는 않았을 것이다.

왜 아이디어 회의는 항상 신통치 않은 걸까? 아이디어를 내는 방법 또는 아이디어 회의에 참가한 사람들이 창의적이지 못해서일까? 참가자가 창의적이지 못해서 또는 방법이 잘못되어서가 아니다. 아이디어를 낼 수 있는 적절한 환경이 제공되지 않았기 때문이다.

창의적 아이디어를 내기 위해서는 생각이 자유로워야 한다. 생각이 딱딱하거나 경직되어 있지 않고 자유롭게 엉뚱한 상상도 할 수 있어야 한다. 생각이 경직되어 있지 않고 자유로운 생각을 할 수 있는 상태를 머리가 말랑말랑하다고 표현한다.

아이디어를 내기 전에 머리를 경직되어 있지 않은 말랑말랑한 상태로 만드는 것이 필요하다. 이를 위해서는 긴장을 풀고 즐겁게 아이디어를 낼 수 있는 환경, 즉 평소의 나를 벗어나 아이디어를 낼 수 있는 내가 되는 환경을 만들어야 한다. 아이디어를 낼 수 있는 내가 되는 환경은 다음의 세 가지 요소를 가지고 있는 환경을 말한다.

- Creative Mood (창의적 분위기)

- Stimulus (자극물)

- Energy Management (에너지 관리)

아이디어를 낼 수 있는 내가 되는 환경을 만들기 위한 첫 번째 요소는 창의적 분위기Creative Mood이다. 창의적 분위기란 경직되지 않은 자유로운 생각을 할 수 있는 분위기를 말한다. 창의적 분위기를 만들기 위해서는 평소의 업무 공간에서 벗어나 좀 더 자유로운 분위기에서 아이디어를 낼 수 있도록 해야 한다. 아무래도 업무 공간과 회의실은 딱딱하고 경직된 분위기를 만들 수밖에 없고, 경직된 분위기는 창의적인 생각을 방해한다. 그래서 구글Google과 같은 곳에서는 직원들이 창의적 생각을 할 수 있도록 사무공간을 자유롭게 꾸민다. 그렇다고 꼭 업무 공간을 벗어나 외부 공간에서 아이디어를 내야 하는 것은 아니다. 평소 업무 공간에서 아이디어를 내는 아이디에이션Ideation을 진행하더라도 자유로운 생각을 할 수 있는 분위기를 만들어 주면 된다. 자유로운 분위기를 만들 수 있는 대표적 방법에는 게임이 있다. 게임은 서로 웃게 하고 분위기를 즐겁게 만든다.

두 번째로 필요한 요소는 자극물^{Stimulus}이다. 자극물이란 아이디어를 좀 더 잘 낼 수 있도록 자극을 주는 도구로서 머리를 말랑말랑하게 할 수 있도록 도와준다. 대표적 자극물로는 장난감, 잡지 등이 있다. 장난감은 아이들을 위한 것으로 어른들에게는 적합하지 않다고 생각할 수 있지만, 꼭 그렇지는 않다. 장난감을 보고 만지며 놀다 보면 머리가 말랑말랑해지고 자유롭고 다양한 아이디어를 생각할 수 있게 된다.

세 번째로 에너지 관리^{Energy Management}가 필요하다. 아이디어를 내다 보면 지칠 때가 있다. 아무 생각도 나지 않고, 지루해지는 시간이 온다. 이때는 반드시 에너지 관리를 통해 아이디어 회의 참석자들의 에너지 레벨을 높여줘야 한다. 에너지를 관리하기 위한 방법으로는 육체를 활용한 간단한 게임을 하거나 또는 다양한 먹거리를 제공하는 방법이 있다. 육체를 활용한 게임은 참가자들의 긴장을 풀어주고 분위기를 고취시킨다. 따라서 아이디어 회의 시작 전 또는 중간에 에너지가 떨어질 때 하면 효과적이다. 다양한 먹거리는 두뇌에 새로운 에너지를 제공해 준다. 아이디어를 낼 때는 에너지 소모가 따르게 된다. 때문에 지속적으로 에너지를 보충시켜 주는 것이 필요하다.

Methodology

창의적인 아이디어를 내기 위해서는 아이디어를 내는 방법 역시 중요하다. 아이디어를 내는 대표적인 방법으로 많은 사람이 브레인 스토밍[Brain Storming]을 사용하지만, 이외에도 브레인 라이팅[Brain Writing], 스캠퍼[Scamper], 랜덤 링크[Random Link] 등 여러 가지가 있다. 각 방법별로 장단점 및 특징이 있어 이를 잘 알고 사용하는 것이 필요하다. 여기에서는 각 방법의 장단점에 대해서 간략히 소개할 예정이다. 구체적인 사용방법에 대해서는 각 방법에 대한 관련 자료를 찾아보기 바란다.

아이디에이션 방법	적용방법	적용시기
브레인 스토밍 (Brain Storming)	• 특정 주제와 관련한 아이디어를 자유롭게 제시 • 특정 사람만 아이디어를 내는 경향이 있음 • 퍼실리테이터[Facilitator]의 역할이 중요	다양한 아이디어를 자유롭게 내고자 할 때 활용
브레인 라이팅 (Brain Writing)	• 주제와 관련한 아이디어를 말하지 않고 적어서 다음 사람에게 건네고, 다음 사람은 작성된 아이디어 밑에 자신의 아이디어를 추가 • 참석한 모든 사람이 작성할 때까지 계속 진행 • 특정 사람만 아이디어를 내는 현상을 방지	다양한 아이디어를 자유롭게 내고자 할 때 활용
랜덤 링크 (Random Link)	• 특정 사물에서 속성을 도출 후 주제와 연결하여 아이디어를 도출하는 방법 ex) 비행기의 속성 '빠르다'를 주제에 연결, 아이디어를 도출	아이디에이션 중간에 아이디어가 나오지 않을 때 활용
스캠퍼 (Scamper)	• 사물의 속성을 대체, 결합, 변경, 제거 등의 방법을 통해 아이디어를 내는 방법 • 대체[Substitute], 결합[Combine], 적합화[Adapt], 변경[Modify], 다른 용도[Put to other use], 제거[Eliminate], 반전[Reverse] / 재정렬[Rearrange]	특정 상품, 서비스 개선과 관련한 아이디어 도출에 적합

Attitude

태도는 창의적 아이디어를 내기 위해서 필요한 세 번째 요소이자 가장 중요한 요소이다. 어떤 태도를 가지고 아이디어를 내느냐에 따라 도출된 아이디어의 양과 질이 완전히 달라진다. 여러분이 지금껏 참석했던 아이디어 회의의 분위기 및 참석자의 태도가 어떠했는지 떠올려 봐라. 자유롭게 다양한 아이디어를 낼 수 있는 분위기였는지 아니면, 서로 눈치만 보다가 마지못해 한두 가지 아이디어만 내고 끝나는 분위기였는지.

다음은 과거 필자가 참여했던 아이디어 회의에서 보인 일반적인 참석자들의 태도이다. 아마 여러분이 아이디어 회의할 때마다 자주 듣는 말들일 것이다.

"그건 안 돼", "그게 말이 돼?", "너무 엉뚱한데", "그건 전에 내 해 봤는데 잘 안 됐어",

"다른 기발한 것 없나?", "너무 뻔한데, 다른 기발한 것은?", "이건 리소스가 부족해서 안 돼"

아이디어를 내고 난 후 이런 말들을 듣게 되면 참석자 대부분은 입을 닫게 된다. 아이디어를 내봐야 다른 사람들 앞에서 핀잔만 듣게 되고, 아무 생각 없는 사람으로 취급을 받게 되는데 누가 아이디어를 내고 싶겠는가? 아이디어 회의를 할 때는 이러한 상황이 벌어지지 않도록 해야 한다. 그래야 참석자들이 엉뚱한 생각도 주저하지 않고 낼 수 있으며, 무엇보다 즐기는 마음가짐을 갖도록 하는 것이 중요하다. 다음은 즐기는 마음가짐을 갖기 위해 아이디어 회의에서 지켜야 할 태도이다.

- 용감해지기 : 다른 사람을 의식하지 않고 용감하게 아이디어 내기
- 덧붙이기 : 다른 사람의 아이디어에 덧붙여서 아이디어 내기
- 본능에 충실하기 : 완성되지 않았더라도 생각나는 대로 아이디어 내기
- 즐겁게 놀기 : 즐거운 마음으로 참여하기

첫 번째로 용감해지기는 아이디어 회의에서 가장 필요한 태도이다. 아이디어 회의에 참여하는 대부분이 자신의 의견을 말하기 꺼려한다. 엉뚱하다고 남들에게 비웃음을 당할까 봐서, 또는 너무 정제가 되지 않았다고 스스로 생각해서 아이디어를 잘 내지 않는다. 앞서 이야기했지만 아이디어 회의에서 필요한 것은 문제에 대한 해결 방안이 아니라 정제되지 않은 날것 그대로의 아이디어가 필요하다. 주저하지 말고 자유롭게 아이디어를 낼 수 있도록 해야 한다. 엉뚱한 생각들이 한곳에 모이면 좋은 해결 방안이 나오게 된다는 사실을 잊지 말아야 한다.

두 번째로 갖추어야 할 태도는 덧붙이기다. 아이디어가 떠오르지 않을 때는 다른 사람이 낸 아이디어에 자신의 의견을 덧붙여도 된다. 아이디어를 덧붙이기 위해서는 기본적으로 다른 사람의 아이디어를 잘 듣고 어떤 점이 좋은지 파악해야 한다. 좋은 점을 파악해야 자신의 의견을 덧붙일 수 있다. 덧붙이기 목적은 다른 사람 아이디어의 부족한 점을 들추고 자신의 의견을 내세우기 위함이 아니다. 다른 사람의 아이디어에 의견을 덧붙여서 풍부하게 만드는 것이 덧붙이기 목적이다. 따라서 덧붙이기를 할 때는 절대로 다른 사람의 아이디어의 옳고 그름을 판단하거나 비판해서는 안 된다. 아이디어에는 정답이란 있을 수 없다.

세 번째로 아이디어를 낼 때는 본능에 따라야 한다. 스스로 기준을 가지고 정제하거나 검증할 필요 없이 생각나는 대로 아이디어를 발산하면 된다. 앞서 언급했지만 아이디어에는 정답이란 있을 수 없기에 어떤 아이디어도 상관이 없다. 생각나는 대로 발산하면 된다. 질보다 양이 중요하다.

네 번째로 필요한 태도는 아이디어 회의 자체를 즐기는 것이다. 아이디어 회의를 업무로 받아들이지 않고 하나의 놀이처럼 즐길 수 있을 때 자유롭게 창의적인 아이디어를 낼 수 있다. 업무 이야기를 하는 것보다 동료들과 놀이를 하거나 잡담을 나눌 때 훨씬 더 자유롭게 자신의 생각을 이야기하고, 상대방의 이야기를 더 쉽게 받아들인다. 또한 엉뚱한 이야기도 스스럼없이 하게 된다. 아이디어 회의도 놀이를 한다는 생각으로 참여하게 되면, 두려움 없이 엉뚱한 아이디어도 낼 수 있고, 정제되지 않은 아이디어도 자유롭게 낼 수 있게 된다. 즐기는 자세야말로 아이디어를 낼 때 갖추어야 할 가장 중요한 태도이다.

이해하기 및 문제 파악하기를 통해 사람들이 진짜 해결하고자 하는 문제가 파악됐으면, 사람들이 수긍할 수 있는 최적의 해결 방안을 제시해야 한다. 최적의 해결 방안은 창의적 아이디어를 통해 나온다. 창의적 아이디어를 내기 위해서는 창의적으로 생각할 수 있어야 하며, 훈련과 노력을 통해 창의적으로 생각할 수 있는 능력을 향상시킬 수 있다.

창의적으로 생각하기 위해서는 먼저, 새로운 환경에 자신을 노출시켜야 한다. 사람의 뇌는 항상 익숙한 것에 머물러 있으려고 하는 경향이 강하기 때문에 새로운 자극을 주지 않으면 새로운 생각을 하지 않는다.

두 번째로 발상의 전환을 통해 동일한 사물이나 현상도 다른 관점에서 볼 수 있어야 한다. 다른 관점에서 보면 기존에 보이지 않던 것들도 보이게 된다.

세 번째로 질문하는 연습을 해야 한다. 스스로 "왜?"라는 질문을 하고 답을 함으로써 새로운 생각을 할 수 있게 된다.

네 번째로 아이디어를 내기 전에 몸과 마음을 유연하게 해야 한다. 경직된 상태에서는 새로운 생각이 떠오르지 않는다. 음악, 좋았던 일, 운동 등은 기분을 좋게 해 주고 엔도르핀을 생성하여 창의적인 생각을 할 수 있게 해 준다.

다섯 번째로 동종 산업 내 또는 이종 산업 간의 서비스나 아이디어를 연결해야 한다. 창의적이라는 것은 문제 해결에 가장 적합한 것을 찾아내는 것으로 산업 간 연결을 통해 최적의 해결 방안을 찾을 수 있다.

끝으로 위의 다섯 가지 방법을 꾸준히 연습해야 한다.

창의적 아이디어는 창의적 생각하기만으로 충분하지는 않다. 특히, 여럿이 모여 아이디어를 낼 때는 환경, 방법, 태도 등의 세 박자가 잘 맞아 떨어져야 한다. 먼저, 아이디어를 잘 낼 수 있는 자유로운 분위기가 조성되어야 하고, 에너지 관리가 충분히 되어야 한다. 또한, 적절한 아이디어 도출 방법을 활용해야 한다. 아이디어를 내는 방법에는 브레인 스토밍, 브레인 라이팅, 스캠퍼, 랜덤 링크 등의 방법이 있다. 아울러 엉뚱한 생각도 주저하지 않고 낼 수 있는 즐기는 태도가 필요하다.

왜 미술관에 가야 하지?

창의적 아이디어란 무에서 유를 창조하는 것이 아니다. 기존의 것들이 융합되었을 때 나온다. 따라서 창의적이 되기 위해서는 인문학, 음악, 미술 등 모든 분야에 대해서 다양한 경험과 지식을 가지고 있어야 한다.

필자는 하나의 프로젝트 또는 과제를 마무리하고 나면 2~3일 정도 재충전의 시간을 가진다. 프로젝트를 추진하면서 알고 있는 모든 지식과 에너지를 쏟아 부었기 때문에 다른 프로젝트를 수행하기 위해서는 재충전이 필요하다. 모든 열정과 에너지를 쏟았기 때문에 과제가 끝나고 나면 심신이 지치게 마련이다. 자동차로 장거리를 달린 후에 반드시 주유를 하고 운전자도 휴식을 취해야 하는 것처럼, 하나의 과제가 끝나면 재충전의 시간을 갖는 것이 필요하다.

이와 같이 프로젝트 또는 과제 후 갖는 재충전의 시간을 통찰 강화Insight Enhancement 또는 통찰 여행Insight Trip이라고 부른다. 비록 짧지만 재충전 시간 동안 다양한 체험, 관람, 독서 등을 통해 사람에 대한 이해의 폭을 넓힐 수 있기 때문에 통찰 강화 또는 통찰 여행이라고 한다. 통찰Insight이란 문제의 본질을 파악하는 것으로 사람에 대한 이해가 없으면 불가능하며, 사람에 대한 이해란 결국 사람들이 어떻게 살고 어떻게 행동하는지를 아는 것이다. 따라서 사람에 대한 이해의 범위를 넓히는 것이 문제의 본질을 꿰뚫는 통찰을 강화할 수 있는 방법인 것이다.

통찰 여행을 위해 무엇을 해야 할까? 통찰 여행이란 사람들이 어떻게 살고 있고, 어떤 행동을 하는지를 살펴보는 것이다. 특정 과제를 위해 의식적으로 사람들의 행동을 관찰하는 것이 아니라, 머리를 비우고 자연스럽게 사람들이 살아가는 모습 또는 삶이 반영된 다양한 것을 보고 체험하면서 새로운 생각, 새로운 경험으로 채우는 것이 통찰 여행이다. 통찰 여행은 독서, 다양한 체험, 전시회 관람 등 형식은 무엇이 되어도 상관이 없다. 다만, 사람들의 살아가는 모습, 사람들의 생각을 파악할 수 있으면 된다.

통찰 여행을 위해 필자는 주로 책을 읽거나 전시회 등에 가본다. 독서나 전시회 관람을 통해 새로운 것에 대한 간접 경험을 할 수 있기 때문이다. 사람들의 다양한 행동과 말을 이해하고 그들이 해결하려고 하는 진짜 문제를 찾는 분석과 융합은 다양한 경험이 축적되어 있지 않으면 굉장히 힘든 과정이 된다. 물론, 다양한 경험이 축적되어 있다고 하더라도 쉬운 과정은 아니다. 그래서 다양한 분야의 책을 읽고, 전시회 관람을 하며, 사람들이 많이 찾는 핫 플레이스 등을 돌아보면서 새로운 경험과 지식을 쌓기 위해 노력한다.

통찰 여행을 위한 여러 가지 방법 중 하나인 미술 전시회 관람은 사람에 대한 이해의 폭을 넓혀주고 다양한 생각을 할 수 있게 해주는 좋은 방법이다. 미술품은 당시 사람들의 살아가는 모습을 반영한 대표적인 것이다. 따라서 미술품을 보면서 '그림 잘 그렸네', '색깔이 좋네' 등과 같은 것들을 생각하며 보아서는 안 된다. '왜 이런 조각품들이 탄생을 했을까?', '왜 이런 그림들이 그려졌을까?' 하는 생각을 가지고 살펴봐야 한다. 이것이 바로 통찰을 강화하기 위한 올바른 미술품 감상 방법이다.

미술품을 감상하기 좋은 방법에는 전문가들이 권하는 다양한 방법이 있지만, 미술의 근처에도 가보지 못한 보통 사람으로서 미술을 통해 사람에 대한 이해의 폭을 넓히기 위해 필요한 올바른 감상 방법은 다음과 같다.

- 전시회 가기 전에 전시회의 목적, 취지 등을 충분히 숙지해야 한다. 이는 인터넷에서 쉽게 찾을 수 있다.

- 그림이 그려진 시대의 사회 상황을 알고 가야 한다. 그림이 그려진 시대의 사람들의 일상생활, 당시의 정치·경제 상황 등에 대해서 충분히 숙지를 해야 한다.

- 작품에 대한 해설서는 절대로 보면 안 된다. 해설서는 해설가가 자신의 관점에서 작품 해석을 해 놓은 것이다. 그것을 미리 읽어 버리면 자신의 생각이 들어설 자리가 없어진다.

Chapter 07

해결 방안을 전달하라!

사람 이해하기	문제 파악하기	해결책 만들기
• 관찰 • 경험 • 질문	• 분석(Deep Dive) • 융합(Synthesis)	• 창의적 아이디어 • 컨셉(Concept)

일곱 번째 공감 도구 _ '컨셉Concept'

문제 해결을 위한 아이디어가 충분히 발산되었으면, 도출된 아이디어를 연결하고 정리하여 컨셉Concept을 만들어야 한다. 문제 해결을 위한 아이디어에는 소비자가 어떤 혜택을 얻을 수 있는지, 어떤 경험을 할 수 있는지 등의 내용이 포함되어 있지 않다. 따라서 소비자 입장에서는 왜 사용해야 하는지, 누가, 어떻게 사용해야 하는지를 명확히 알 수 없다.

예를 들어 '셔츠를 빌려주는 서비스'라는 아이디어가 도출되었다고 가정해 보자. 셔츠를 빌려준다는 솔루션만으로 소비자를 설득할 수 있을까? 소비자 입장에서는 아이디어만 가지고는 언제, 어떤 상황에서 서비스를 사용해야 하고, 서비스 사용을 통해 어떤 문제를 해결할 수 있으며, 사용을 통해 어떤 이득을 얻을 수 있는지 판단하기가 어렵다. 즉, '셔츠를 빌려주는 서비스'라는 아이디어만으로는 공감을 얻지 못한다. 소비자를 설득하기 위해서는 정확히 어떤 문제를 해결해 줄 수 있고, 사용을 통해 어떤 이득을 얻을 수 있는지 명확히 전달해야 한다.

아이디어에 누가, 언제, 왜, 무엇을 등과 같은 내용을 붙여서 구체적인 상품 또는 서비스로 만들어 가는 과정을 컨셉화 Conceptualization 라고 하고, 사용 가치가 부여된 아이디어를 컨셉이라 한다. '셔츠를 빌려주는 서비스'라는 아이디어를 컨셉화 해보도록 하자. 셔츠를 빌려준다는 아이디어에 셔츠를 주로 입는 바쁜 직장인(누구)을 대상으로, 손으로 다림질한 셔츠(무엇)를, 주 1회 3~5장(어떻게) 배달하여, 매일 셔츠를 다림질해야 하는 번거로움(왜)을 제거해준다는 내용을 붙이는 컨셉화를 통해 "바쁜 직장인들에게 직접 손으로 다림질한 셔츠를 제공하여 다림질해야 하는 번거로움을 제거해주는 서비스"라는 컨셉이 만들어진다. (위클리 셔츠'에서 1주일에 3~5장의 다림질한 셔츠를 빌려주는 서비스를 2017년에 출시함)

이처럼 아이디어에 언제, 어디서, 왜, 누가, 어떻게, 무엇을 등의 내용을 포함하여 컨셉으로 만들게 되면 소비자 입장에서는 컨셉이 어떤 해결 방안을 제공하고 있는지, 사용을 통해 어떤 가치를 얻을 수 있을지 쉽게 알 수 있으며, 제안하는 내용에 동의

하기가 훨씬 쉬워진다.

　　다른 예로 Case Study 1에서 언급한 '밤 10시 이후 할인하는 빵집'을 살펴보자. 빵이라는 상품의 본질은 항상 동일하며 변하지 않지만, 빵이 전달하는 가치는 변한다는 사실을 알 수 있다. 밤 10시 이후 할인되는 빵의 가치는 '맛있는 빵'이 아니라, '신선한 빵'이다. 결국, 해결 방안의 본질인 상품은 변하지 않지만, 상품이 전달하는 가치, 즉 상품 컨셉은 상황에 따라서 또는 어떤 의미를 부여하느냐에 따라 변한다. 따라서 컨셉을 도출하기 전에 소비자에게 어떤 사용 가치를 전달할 것인지 충분히 고려해야 한다.

　　컨셉을 만들 때 유념해야 할 사항은 절대로 완성된 컨셉을 만들려고 해서는 안 된다는 점이다. 아이디어를 연결하여 컨셉을 만들고 소비자를 대상으로 한 테스트를 통해 수용 가능성을 검증하고 수정하는 과정을 반복하여 완성해야 한다. 중요한 것은 컨셉의 완성 정도가 아니라, 얼마나 빨리 시제품을 만들어서 신속하게 소비자의 검증을 받고 수정하는 것인가이다. 이처럼 컨셉을 만들고 반복적으로 테스트하고 수정하는 과정을 이터레이^{Iteration}이라고 하며, 공감을 이루기 위해서 반드시 거쳐야 하는 과정 중 하나다. 벤처기업가 에릭 릭스^{Eric Ries}는 그의 저서 〈린 스타트업^{Lean Startup}〉에서 이러한 '만들기-측정-학습'의 반복적인 과정을 린 스타트업^{Lean Startup}이라고 정의하였고, 많은 기업이 성공하지 못하는 이유로 린 스타트업을 하지 못했기 때문이라고 이야기하고 있다.

결국, 해결 방안은 아이디어를 발산하고 연결하여 컨셉을 만들어 시장에서 검증하고 수정하는 과정을 거쳐서 완성된다. 충분히 검증하고 수정하는 과정을 거치지 않으면 소비자가 공감하기 어려운 해결 방안이 될 확률이 높다. Chapter 01에서 예를 든 '세그웨이'의 경우 시장에서 테스트를 통해 검증하고 수정하는 과정 없이 출시되었고 결국 공감을 얻지 못했다. 만약, '컨셉-검증-수정'의 반복적인 과정을 통해 완성되었다면 1인 교통시대가 열렸을지도 모른다. 세그웨이와 같은 실수를 하지 않기 위해서는 에릭릭스가 주장한 것처럼 컨셉을 만들고 시장에서 검증하며 수정하는 과정을 반드시 거쳐야 한다.

컨셉 만들기

아이디어와 컨셉은 분명히 다르다. 아이디어가 문제 해결을 위한 하나의 솔루션이라고 한다면, 컨셉은 솔루션들이 연결되어 소비자에게 전달되는 가치라고 할 수 있다. 따라서 컨셉은 먼저 발산된 아이디어를 연결하고 다듬어서 문제 해결을 위한 해결 방안을 만들고, 해결 방안에 누가, 언제, 왜 등과 같은 구체적인 사용 가치를 부여하는 과정을 통해 완성된다. 이와 같이 컨셉을 만드는 과정은 아이디어를 다듬고 발전시켜 해결 방안으로 만드는 '아이디어 연결하기', 해결 방안에 누가, 언제, 왜 등과 같은 내용을 첨가하여 구체적 문제 해결 방안을 만드는 '컨셉 구체화하기'의 2단계 과정으로 구분할 수 있다. 각 과정에 대해 구체적으로 살펴보도록 하자.

아이디어 연결하기

아이디어 연결하기는 도출된 아이디어를 연결하고 다듬어서 해결 방안을 만드는 과정이다. 연결하기를 통해 새로운 관점에서 다양한 아이디어를 해석하고 조합함으로써 가치 있는 솔루션, 다시 말해 성공 가능성이 높은 해결 방안을 발굴할 수 있다. 아이디어 연결하기는 비슷한 아이디어끼리 분류하고 나타내는 의미를 파악하는 아이디어 그룹핑Grouping과 도출된 의미를 기반으로 아이디어를 융합하고 다듬는 아이디어 확장Develop을 통해 이루어진다.

먼저, 산재된 아이디어를 모으는 그룹핑 방법에는 다음의 그림과 같이 속성 요소에 따라 아이디어를 분류하는 평면 그룹핑과 확산 가능성이 높은 중심 아이디어를 중심으로 분류하는 가치 그룹핑 두 가지 방법이 있다.

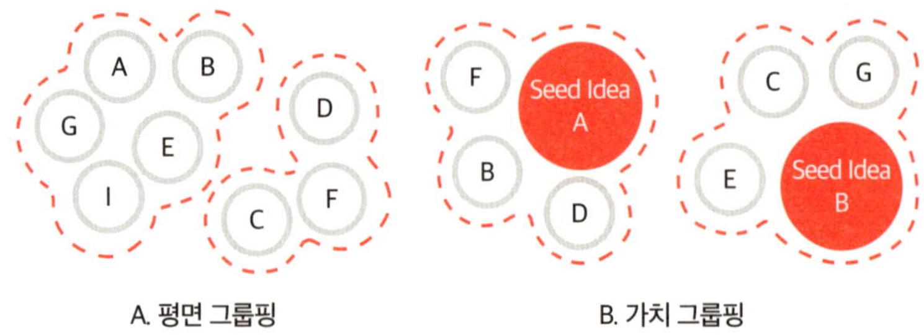

A. 평면 그룹핑　　　　　　　　　　B. 가치 그룹핑

　　그림 A는 속성을 기준으로 아이디어 간 유사성 정도에 따라 아이디어를 분류하는 평면 그룹핑 방법이다. 평면 그룹핑에서 중요한 것은 속성 기준을 어떻게 정하는가이다. 속성이란 아이디어가 제공하는 주요한 기능 또는 서비스를 의미한다. 예를 들어 디자이너의 다양한 상품을 체험해 보고 싶어 하는 소비자를 위해 패션 아이템을 빌려주는 다양한 아이디어가 도출되었다고 가정해 보자. 이 경우 빌려준다는 속성으로 아이디어를 분류할 수 있으며, 옷을 빌려준다, 신발을 빌려준다, 액세서리를 빌려준다 등의 아이디어를 같은 그룹으로 묶을 수 있다.

　　그림 B는 확산의 출발점이 되는 아이디어, 즉 시드[Seed]가 될 수 있는 아이디어를 찾고, 시드 아이디어를 중심으로 같이 결합되었을 때 시너지 효과가 나는 아이디어를 같은 그룹으로 묶는 가치 그룹핑 방법이다. 예를 들어 위에서 언급한 디자이너의 다양한 상품 체험을 위한 아이디어를 '다양한 상품'이라는 가치와 '쉽고 편한'이라는 가치를 중심으로 아이디어를 분류한다고 가정해 보자.

전자의 경우는 다양한 상품 경험이 가능한 여러 디자이너의 의류, 신발, 액세서리 체험 등과 관련한 아이디어들로 그룹핑이 된다. 후자의 경우는 쉽고 편하게 상품을 경험해 볼 수 있는 아이디어를 중심으로 그룹핑이 된다.

아이디어를 분류할 때 어떤 그룹핑 방법을 사용해도 무방하다. 다만, 아이디어 분류 기준은 명확하고 이해가 쉬워야 하며, 분류가 되는 아이디어들을 포괄할 수 있어야 한다. 또한 너무 추상적이어서 의미가 없거나 또는 너무 상세해서 지엽적이어서는 안 된다. 처음에는 아이디어 분류기준을 적용하기 어려울 수 있다. 분류기준 적용이 어려우면 최대한 비슷하다고 생각되는 아이디어끼리 묶어서 여러 개의 그룹을 만든 다음, 비슷한 그룹끼리 다시 묶어 보는 그룹핑을 반복해보는 것도 하나의 방법이다. 반복해서 그룹핑을 하다 보면 유사한 기능 또는 가치를 제공하는 아이디어끼리 그룹핑이 된다.

그룹핑이 완료되었으면 같은 그룹으로 묶인 아이디어들이 어떤 기능, 서비스를 제공할 수 있는지 또는 어떤 가치를 제공할 수 있는지 파악하고, 그룹핑이 된 아이디어들이 나타내는 의미를 기준으로 아이디어를 융합하고 다듬어서 하나의 해결 방안으로 만들어야 한다. 융합할 때는 아이디어 일부를 수정하거나 새로운 아이디어를 추가하여 보완하는 것이 좋다. 아이디어를 연결해서 하나의 해결 방안으로 만들다 보면 아이디어가 서로 연결이 되지 않을 때가 종종 있다. 아이디어가 연결이 되지 않을 때는 먼저, 분류기준에 부합하는 아이디어인지 확인을 해보고, 아이디어 그룹이 나타내는 의미 또는 기능, 서비스, 제공 가치에 적합도가 떨어지는 아이디어를 수정해서 연결하면 된다. 마지막으로, 아이디어를 연결해서 해결 방안이 만들어지면, 여러 해결 방안 중 실현 가능성, 매력도 등을 고려하여 공감 가능성이 높은 해결 방안을 선별해야 한다.

도출된 모든 해결 방안을 컨셉화해서 소비자에게 전달할 수는 없다. 실현 가능성은 해결 방안이 기술적으로 구현이 가능한 것인가를 확인해 보는 것이다. 아무리 좋은 해결 방안이라고 하더라도 기술적으로 구현이 불가능하거나, 현재 보유한 자원Resource으로 구현이 어려울 수도 있다. 또한 해결 방안이 소비자에게 긍정적 반응을 이끌어 낼 만큼 매력적인가 검토해야 한다. 소비자의 급격한 행동변화를 요구하거나 또는 소비자의 시간, 비용 등 자원 투입을 요구하는 해결 방안일 경우 긍정적 반응을 이끌어 내기가 어려울 수도 있다.

컨셉 구체화하기

컨셉 구체화는 아이디어 연결하기를 통해 도출된 해결 방안에 사용 고객, 고객 가치, 제공 기능, 사용 방법 등의 내용을 붙여 해결 방안을 소비자에게 제공하고자 하는 상품 또는 서비스로 구체화하는 단계이다. 컨셉을 구체화할 때는 아래와 같은 컨셉 보드를 활용하면 도움이 된다. 컨셉이 구체적으로 어떤 해결 방안인지 한눈에 파악할 수 있으며, 여러 컨셉을 비교, 평가하기도 쉽다.

컨셉 이름	
컨셉 설명	주요 고객
고객 가치	주요 기능
사용자 시나리오	
스케치	

[컨셉 보드]

컨셉 보드는 그림에서 보는 것처럼 컨셉 이름, 컨셉 설명, 주요 고객, 고객 가치, 주요 기능, 사용자 시나리오, 스케치로 구성되며 각 구성요소의 정의 및 작성방법은 다음과 같다.

컨셉 이름은 말 그대로 소비자에게 전달하고자 하는 문제 해결 방안의 이름으로, 해결 방안이 어떤 서비스 또는 상품인지 쉽게 파악할 수 있도록 작성해야 한다.

컨셉 설명은 해결 방안 무엇인지 설명하는 내용으로, 해결 방안이 구체적으로 어떤 서비스인지 또는 어떤 상품인지 설명하는 내용을 작성해야 한다. 컨셉 보드를 작성하는 이유가 컨셉에 대해 상세히 정의하기 위함도 있지만, 정의된 컨셉을 다른 사람에게 설명하기 위함도 있기 때문에 처음 듣는 사람도 쉽게 이해할 수 있도록 작성해야 한다.

주요 고객은 목표 사용 고객으로 컨셉을 사용할 가능성이 가장 높은 고객을 의미한다. 해결 방안을 만들 때 문제를 해결해 주고자 했던 고객층이 누구였는지를 확인해 보면, 주요 고객이 누가 되어야 하는지 쉽게 알 수 있다.

고객 가치는 컨셉을 통해 소비자에게 전달하고자 하는 사용 가치를 의미한다. 고객 가치는 소비자가 해결 방안을 사용해야 하는 이유, 즉 상품 또는 서비스를 구매해야 하는 이유이기도 하

다. 다시 말해, 컨셉을 통해 소비자가 어떤 문제를 해결할 수 있는
지, 또는 컨셉 사용을 통해 소비자가 얻을 수 있는 이득은 무엇인
지 등을 작성하면 된다. 고객 가치를 작성할 때는 가능하면 한두
문장으로 작성하는 것이 좋으며, 쉽게 이해가 되어야 한다. 너무
길거나 너무 추상적일 경우 마음에 쉽게 와 닿지 않는다. 예를 들
어 앞서 언급한 '위클리 셔츠'의 고객 가치로 '매일 셔츠를 다림질
하는 번거로움 제거'와 '당신의 삶을 편하게 해 드립니다' 등 두 가
지가 있다고 가정해 보자. '위클리 셔츠'의 두 가지 고객 가치를 접
했을 때 어떤 생각이 드는가? 전자의 경우는 고객 가치가 쉽게 이
해가 되지만 후자는 광범위하고 추상적이라 마음에 와 닿지 않는
다. 후자는 기업의 비전에 맞는 가치이다.

주요 기능은 아이디어 연결하기를 통해 도출된 문제 해결
솔루션을 의미한다. 주요 기능을 작성할 때는 제공하는 모든 솔루
션을 작성할 필요가 없다. 주요 기능 3개 정도만 작성해도 충분하
다. 소비자가 해결하고자 하는 문제를 가장 잘 해결해 줄 수 있는
솔루션만 포함하면 된다. 한꺼번에 모든 기능을 다 포함해서 컨셉
을 만들려고 하면 이것도 저것도 아닌 괴물이 탄생할 수도 있다.

사용자 시나리오는 소비자가 언제, 어디서, 어떤 상황에
서, 어떻게 사용할 것인가에 대한 시나리오로 소비자가 컨셉을 사
용하는 이상적인 모습, 즉 사용 가능성이 높은 상황을 그려보면 된

다. 시나리오를 작성할 때는 컨셉 사용을 통해 소비자의 생활이 어떻게 변경되었는지를 포함해야 한다. 소비자의 생활이 나아진 모습을 구체적으로 그려보면 컨셉의 공감 가능성에 대해 가늠해 볼 수 있다.

끝으로 스케치는 컨셉이 어떤 모양인지, 어떻게 작동하는지를 알 수 있는 수준의 그림을 말한다. 말보다 그림으로 보여주는 것이 더 쉽게 이해할 수 있다. 그림을 못 그려도 전혀 상관이 없다. 도형 몇 개만으로도 충분하다.

위와 같이 컨셉에 대한 구체적 설명, 예상되는 주 사용 고객, 전달하고자 하는 고객 가치, 주요 기능, 사용자 시나리오 등 컨셉 보드를 작성하다 보면, 처음에는 아이디어 수준에 머물러 있어 명확하지 않던 문제 해결 방안이 구체적으로 어떤 모습인지 더 명확하게 그려질 때가 많다. 문제가 해결되지 않을 때 또는 아이디어가 떠오르지 않을 때 컨셉 보드를 활용해 보기 바란다. 꼭 특정 컨셉을 도출하기 위해서가 아니더라도 문제에 부딪쳐서 해결 방안이 잘 떠오르지 않을 때 컨셉 보드를 활용해서 아이디어를 정리해 보면 좋은 해결 방안이 생각나기도 한다.

컨셉은 한 번에 만들어지지 않는다. 수용 가능성 등 컨셉에 대한 소비자 반응을 점검하고, 피드백을 받아 수정하는 과정을 거쳐 만들어진다. 소비자 반응을 확인하는 과정을 거치지 않으면 소비자들의 요구 사항이나 선호 등이 반영될 수 없다. 기획자나 판매자의 관점에서는 좋은 해결 방안일지라도 소비자의 관점에서는 전혀 공감되지 않는 방법일 수 있다. 따라서 상품 또는 서비스를 시장에 내놓기 전에 소비자 반응을 확인하고 컨셉을 수정해야 한다.

상품, 서비스가 흔하지 않던 시절에는 어떤 상품이나 서비스를 시장에 출시해도 성공할 수 있었지만, 지금은 그럴 수 없다. 경쟁이 치열해져 수용 가능성이 높지 않은 상품이나 서비스는 성공하기가 어렵다. 따라서 반드시 컨셉에 대한 반응을 확인하고 수정해야 한다.

컨셉 검증은 지인 몇 사람을 초대해서 컨셉을 보여주고 의견을 물어보는 것이 아니다. 시제품 또는 모형을 만들어 소비자 반응을 확인하는 것이 검증이다. 정확한 검증을 위해서는 프로토타입Prototype이 필요하다. 구두 또는 문서로 컨셉에 대해 설명하면 소비자들은 잘 이해하지 못하는 반면에 프로토타입을 활용하여 컨셉이 무엇이고, 어떻게 작동하는지 설명하면 더 쉽게 이해한다.

컨셉 검증은 일회성에 그쳐서는 안 된다. 소비자가 공감하는 컨셉이 나올 때까지 반복적으로 수행되어야 한다. 이와 같이 소비자 반응을 학인하고, 피드백을 받아 컨셉을 수정하는 반복적인 과정을 이터레이션^{Iteration}이라고 한다.

프로토타입^{Prototype}

소비자 반응을 파악하기 위해 모든 기능을 적용하여 시제품을 만들 필요는 없다. 모든 기능을 적용할 경우 시제품이라기보다는 완제품에 가까워 소비자 반응 확인 후 수정하기가 어려우며, 비용도 많이 든다. 따라서 컨셉이 제공하는 주요 기능 또는 서비스가 무엇인지 알 수 있을 정도의 시제품 또는 모형, 즉 프로토타입을 만들어 소비자의 반응을 확인하고 컨셉을 수정해야 한다.

프로토타입이란 상품이나 서비스에 대한 이해 또는 검증을 위해 핵심 기능 위주로 간단하게 제작된 시제품 또는 모형을 말한다. 프로토타입에는 종이로 모형을 만들거나 종이에 컨셉을 그리는 페이퍼 프로토타입^{Paper Prototype}, 작동원리 또는 사용 모습을 보여주는 시나리오, 내·외부 디자인 등의 상품 형태를 확인할 수 있는 모형^{Mock-up}, 핵심기능 중심으로 구현되어 작동이 가능한 워킹 프로토타입^{Working Prototype} 등 여러 형태가 있다. 어떤 형태의 프로토타입을 사용해도 무방하다. 다만, 컨셉을 가장 잘 설명할 수 있는 프로토타입을 선택하여 활용하면 된다. 다시 말하지만 프로토타입은 완벽하게 만들 필요가 없다. 어떤 기능을 제공하는지, 어떻게 작동하는지 등을 설명할 수 있는 수준이면 된다.

컨셉 검증 외에도 프로토타입이 필요한 이유는 컨셉에 대한 이해를 돕기 위해서이다. 즉, 컨셉을 설득하기 위해서이다. 컨셉이 시장에 나오기 위해서는 반드시 누군가를 설득해야 한다. 설득 대상은 여러분의 상사, 투자자 또는 고객 등이 될 것이다. 아무리 좋은 아이디어 또는 컨셉을 가지고 있다고 하더라도 투자자, 상사 등 이해 관계자를 설득하지 못하면 그 아이디어는 세상의 빛을 보지 못하게 된다. 아마 여러분의 책상 서랍에는 상사 또는 투자자를 설득하지 못해 빛을 보지 못하고 갇혀 있는 좋은 아이디어 또는 컨셉이 있을 것이다.

사람들은 동일한 내용도 말보다 그림으로 설명하면 훨씬 더 잘 이해한다. 사람은 시각적 동물이기 때문이다. 동일한 것도 어떻게 보여주느냐에 따라 선택이 달라질 수 있다. 따라서 투자자, 상사 등 이해관계자를 설득하기 위해서는 컨셉을 시각적으로 잘 만들어서 보여주어야 한다.

컨셉 이터레이션Iteration

구글의 에릭 슈미트Eric Schmidt는 아이디어를 시장에 출시하기 전에 사내에서 100명에게 먼저 물어보고 그들의 반응을 확인하라고 한다. 100명이 동의한다고 하면 시장에서도 성공할 수 있는 아이디어라는 의미일 것이다. 그만큼 아이디어 검증의 중요성을 강조한다. 소비자 반응에 대한 검증 없이 시장에 출시되었다가 실패한 많은 상품과 서비스를 주변에서 흔히 볼 수 있다. 많은 상품과 서비스가 시장에 나올 때는 화려한 조명을 받지만 얼마 지나지 않아 금방 소비자의 관심이 줄어들고 조용히 사라진다.

특히, 최근 몇 년 동안 많은 앱이 만들어지면서 이런 현상이 더 두드러졌다. '생활체육 정보 포털' 앱에 대해 들어본 적이 있는가? '생활체육 정보 포털' 앱은 대한체육회에서 제작한 앱으로 설치자가 11명밖에 되지 않는다. 설치자가 11명이니 사용자는 아예 없다고 봐야 한다. 정부 주도로 개발된 많은 앱이 설치가 저조하고 사용도 거의 이루어지지 않는다. 정부 주도 앱은 대체로 서비스 경쟁력이 매우 낮다. 앱이 제공하는 콘텐츠 수용성, 앱 사용 편의성 등에 대한 검증 과정을 거치지 않고, 수용도가 낮은 콘텐츠, 사용하기 쉽지 않은 UI/UX 등이 그대로 출시되었기 때문에 경쟁력이 낮을 수밖에 없는 것이다.

컨셉을 검증할 때는 한꺼번에 모든 것을 다 확인하려고 해서는 안 된다. 한 번에 하나씩 컨셉에 추가하여 소비자의 반응을 살펴야 한다. 먼저 주요 기능에 대해 소비자의 반응을 확인하고, 피드백을 받아 컨셉을 수정하고, 다시 기능을 추가하고 반응을 확인하는 반복적인 과정을 거쳐 컨셉을 완성해 나가면 된다.

다양한 아이디어가 도출되었으면 아이디어를 연결하고 다듬어 컨셉으로 만들어야 한다. 컨셉은 아이디어를 다듬어 해결 방안을 만들고, 주요 고객, 고객 가치 등의 내용을 구체화해서 만들어진다. 구체화할 때는 주요 고객, 고객 가치, 주요 기능 등의 내용이 포함된 컨셉 보드를 작성하는 것이 도움이 된다.

컨셉이 구체화되면 프로토타입을 만들어 소비자 반응을 확인하고 수정해야 한다. 처음부터 완벽하거나 소비자의 긍정적 반응을 끌어내는 컨셉은 없다. 좋은 컨셉은 지속적으로 소비자의 피드백을 받고 수정하는 과정을 통해 만들어진다. 기획자 또는 판매자 관점에서는 좋은 컨셉일지라도 소비자 관점에서는 다를 수 있다는 사실을 유념해야 한다.

컨셉에 대한 반응을 확인하고자 할 때는 프로토타입을 활용해야 한다. 컨셉을 시각적으로 보여주는 것이 훨씬 더 이해하기 쉽기 때문에 컨셉을 비쥬얼 Visual화하여 설명하는 것이 좀 더 정확한 피드백을 이끌어 낼 수 있다.

위에서 설명한 것처럼 문제 해결을 위한 컨셉은 먼저 아이디어를 도출한 후, 아이디어를 연결하고 다듬어서 컨셉화하고, 프로토타입으로 컨셉을 현실화시켜 소비자 반응을 확인하고 수정하는, 다음의 그림과 같은 문제 해결하기 프로세스 Process를 통해 완성된다.

아이디어
(Ideation)
컨셉화
(Conceptualization)
현실화
(Prototype)
평가
(Evaluation)
수정
(Refinement)
컨셉
(Concept)

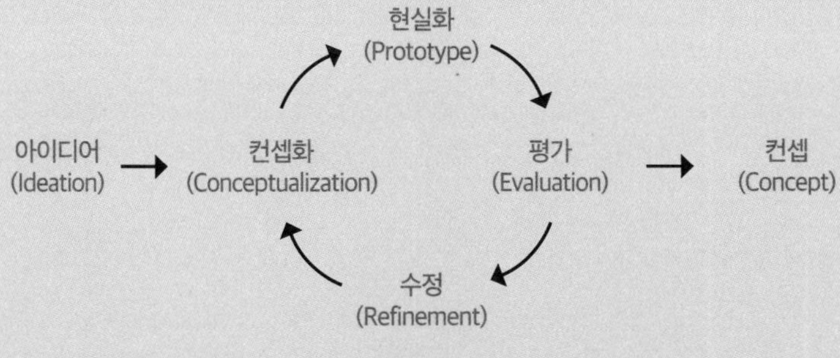

[문제 해결하기 프로세스]

Chapter 08

세상을 바꾸는 힘, '공감'

공감은 상품, 서비스 개발 및 판매에서만 작동하는 성공원리일까? 공감이란 사람을 이해하고 그들이 해결하고자 하는 문제를 찾아 최적의 해결 방안을 제공하는 과정을 통해 형성된다. 다시 말해, 공감은 상대방의 입장에서 생각하고, 사람에 대한 이해에서 출발해서, 사람들이 해결하고자 하는 진짜 문제를 찾아내어 해결 방안을 도출하고, 검증과 수정을 거쳐 사람들이 공감할 수 있는 최적의 해결 방안을 제공했을 때 이루어진다. 이와 같이 공감은 사람에 대한 이해에서 출발한다는 점에서 관계 형성의 기본원리이며, 사람들이 해결하고자 하는 진짜 문제를 찾아내어 해결 방안을 제공한다는 관점에서 최근 들어 확산하고 있는 디자인 씽킹Design Thinking의 근본원리이며, 혁신의 근간이다.

혁신Innovation이라고 해서 무조건 전에 없던 새로운 기술을 개발하거나 또는 기술을 적용해서 새로운 상품을 만드는 것은 아니다. 혁신은 사람들이 새로운 상품, 서비스 등에 대해 수긍하고 받아들일 때 완성된다. 사람들이 받아들이지 못하는 혁신은 혁신이 아니다. 아무리 전에 없던 새로운 기술, 상품이라고 하더라도 그것을 이용할 소비자가 없으면 무용지물이다. 결국, 사람들의 문제를 해결해 줄 수 있을 때 혁신이라고 할 수 있다.

또한, 사람들의 문제 해결이라는 관점에서 보면 디자인 씽킹 역시 공감과 다르지 않다. 사람에 대한 이해를 기반으로 문제 해결을 위한 해결 방안에 대해 고민한다는 점에서 공감은 디자인 씽킹의 근본원리이다. 혁신과 공감, 디자인 씽킹과 공감의 작동원리에 대해서는 좀 더 자세히 살펴볼 것이다.

공감은 사람과의 관계 형성 및 설득 과정에서도 적용할 수 있는 기본 원리이다. 공감이란 상대방의 이야기를 듣고 아픔과 어려움을 이해하며 함께할 때 형성되는 것으로 좋은 관계를 형성하기 위한 출발점이다. 지인 중 여러분과 좋은 관계를 유지하고 있는 사람들이 누군지 떠올려 보아라. 아마 여러분과 공감을 이루고 있는 사람들일 것이다. 대부분의 사람은 자신의 이야기에 귀를 기울여주는 사람 또는 자신의 어려움, 아픔 등을 이해해 주고 같이 고민해 주는 사람들을 좋아하고 이들과 좋은 관계를 유지한다. 즉, 공감을 형성한 사람들과 좋은 관계를 유지하는 것이다.

공감으로 혁신하라!

지금처럼 혁신^{Innovation}이라는 말이 흔하게 사용되는 것을 들은 적이 없다. 누구나 다 혁신에 대해서 이야기한다. 혁신을 하지 못하면 지금 당장 망할 것처럼 많은 사람이 말한다. 도대체 혁신이란 무엇일까? 사전적 의미에서 혁신이란 기존의 낡은 것을 고쳐 새롭게 한다는 뜻이다. 다시 말해, 새로운 기술을 개발하거나 또는 새로운 기술을 적용해 신제품이나 서비스를 만들어 내는 것을 혁신이라고 한다. 과연 그럴까? 새로운 기술을 적용하면 혁신적이라고 할 수 있을까? 지금부터 확인해 보도록 하자.

우리는 매일 혁신적이라는 상품, 서비스를 만난다. 혁신 Innovation, 가장 혁신적인 Innovtive, 전에 없는 새로운 등과 같은 말을 입에 달고 사는 수많은 상품, 서비스 등을 만나지만 이들 중 진짜 혁신적인 것은 어떤 것일까? 앞서 살펴본 세그웨이, 구글 글래스, 뉴턴 메시지 패드는 혁신적인 상품이라고 할 수 있을까? 물론 세그웨이는 처음 출시되었을 때와 다르게 지금은 레져용으로 많은 사람이 이용하고 있어 실패한 상품으로 보기에 약간의 무리가 있을 수 있다. 하지만 최초 출시되었을 때의 세그웨이는 저조한 판매 실적 및 좋지 않은 소비자 반응 등을 기준으로는 실패한 상품으로 판단할 수 있다.

이들 상품은 굉장히 기술 집약적이며, 놀라울 정도로 새로운 기술들이 적용된 집합체로 사전적 의미에서 보면 혁신적인 상품임에 틀림없다. 그러나 그 누구도 혁신적인 상품이라고 하지 않는다. 오히려 실패한 상품으로 여긴다. 물론 처음 시장에 모습을 보였을 때는 혁신적이라는 찬사를 들었지만, 지금 이들 상품은 어디에 있는가? 우리 곁에서 사라지고 없다. 이들이 새롭지 않아서, 새로운 기술이 적용된 상품이 아니라서 사라진 것은 아니다. 사람들이 사용하지 않았기 때문에 사라진 것이다. 새로운 기술, 새로운 방법이 적용된 기존에 없던 새로운 상품이라고 할지라도 사람들이 사용하지 않는다면 혁신적인 상품이 아니라 무용지물이다. 결국 혁신도 사람이 사용해야 혁신이라고 할 수 있는 것이다.

아무리 기술적으로 혁신적이고 좋은 상품이라고 할지라도 소비자가 공감하지 않으면 사용되지 않는다. '향기 나는 타이어'에 대해 들어본 적이 있는가? 고무 냄새가 아닌 라벤더 향이 나는 타이어가 있다는 상상만으로도 즐겁다. 정말 기발하고 멋진 생각이다. 그런데 현실은 다르다. 사람들은 '향기 나는 타이어'에는 아무 관심이 없다. 사람들이 정말로 필요로 하거나 해결하고자 하는 문제에 대한 해결 방안이 아니기 때문에 관심을 받지 못한다.

결국 혁신도 사람에 대한 이해를 바탕으로 사람들이 해결하고자 하는 진짜 문제를 해결해 주었을 때 이루어진다. 사람들이 공감하지 못하는 혁신은 실패로 끝난다. 그러나 안타깝게도 혁신적이라고 하는 많은 것이 사람에 대한 이해보다는 기술에 대한 이해에서 출발하고 있으며, 결과적으로 성공하지 못하고 있다.

이제는 혁신의 의미를 바꾸어야 할 때이다. 기존의 낡은 것을 고쳐 새롭게 하는 것이 혁신이 아니라, 기존의 낡은 것을 공감할 수 있는 새로운 것으로 바꾸는 것, 새로운 기술을 개발하고 새로운 기술을 적용하여 사람들이 공감할 수 있는 상품, 서비스 등을 만드는 것을 혁신이라고 해야 한다.

공감으로 인적 네트워크를 형성하라!

공감은 상품을 개발하고 판매하는 과정에서 뿐만 아니라 사람과의 관계 형성에서 중요한 역할을 한다. 사람들은 자신의 이야기에 귀를 기울여주고 아픔, 어려움을 함께 해주는 사람을 신뢰한다. 자신의 아픔, 어려움을 알고 있기 때문에 자신에게 도움이 되는 이야기를 해줄 것이라는 생각을 하게 된다. 따라서 공감 여부에 따라 사람과의 관계가 달라진다. 공감을 이루는 사람과는 친밀한 관계를 유지하게 되며, 공감을 이루지 못한 사람과는 데면데면한 관계를 유지한다.

또한, 자녀와의 관계에서도 공감은 주요한 작동원리로 작용한다. 어떤 부모들은 자녀들과 친구 같은 관계를 유지하고 허물없이 이야기를 나누지만, 어떤 부모들은 그렇지 못하다. 자녀들과 친구 같은 관계를 유지하는 부모들을 살펴보면 자녀들과 공감을 형성하고 있는 경우가 많다. 어떻게 이것이 가능할까? 상세히 알아보도록 하자.

필자의 동료 중 대인 관계의 달인이라고 불리는 S 팀장이 있다. S 팀장의 지인들은 한결같이 약간의 무리가 되더라도 S 팀장이 부탁하면 기꺼이 들어줄 수 있다고 이구동성으로 말한다. 정말 대인 관계의 고수가 틀림없다. S 팀장이 대인 관계의 고수가 된 비결은 무엇일까? 특별한 비결이 있는 것처럼 보이지는 않는다. 특별한 용건이 없더라도 지인들과 자주 연락을 하고, '잘 지내고 있는지', '도움을 필요로 하지는 않는지' 등을 확인하며, 그들의 이야기를 들어주는 정도가 S 팀장이 하는 전부라고 한다. S 팀장의 말에 따르면 종종 지인들의 안부를 확인하고 이야기를 들어주는 것만으로 좋은 관계를 형성하고 있는 것이다. 이것이 어떻게 가능할까?

여러분은 다른 팀의 협조가 필요할 때 제일 먼저 무엇을 하는가? 아마도 대부분 관련 팀에 알고 있는 동료가 있나 먼저 살펴보게 된다. 아는 동료, 특히 자신과 좋은 관계를 유지하고 있는 동료가 있는지 확인한다. 좋은 관계를 유지하고 있는 동료가 있다면 공식적인 업무 협조 외에 비공식적인 도움을 받을 수도 있다. 여러분 주변을 살펴보면 남들보다 더 쉽게 다른 부서의 업무 협조를 받는 동료가 있을 것이다. 이들 대부분은 다른 동료들보다 더 많은 직장 동료와 좋은 관계를 형성하고 있다. 이런 사람들을 흔히 '마당발'이라고 부르기도 한다. 마당발들은 회사 내·외부적으로 다양한 인적 네트워크를 형성하고 있으며 좋은 관계를 유지하고 있다. 이들의 비결은 무엇일까?

S 팀장이나 어느 회사에나 있는 마당발들의 공통점을 살펴보면 딱 한 가지이다. 종종 안부를 묻고, 그들의 이야기를 들어주며, 그들의 어려움을 함께 고민해 준다는 점이다. 상대방의 안부를 확인하고 그들의 이야기를 들어주는 것만으로도 '당신을 생각하고 있어요', '당신을 이해하기 위해 노력하고 있어요", "어려움을 함께 고민해요' 등과 같은 긍정적 신호를 전달하게 되고, 상대방과 같은 편이라는 느낌을 주게 된다. 다시 말해 그들과 공감을 형성하게 되는 것이다. 만약, 여러분 지인 중 누군가가 종종 안부를 묻고, 필요한 것이 없는지를 확인하며, 이야기를 들어준다고 생각해 보자. 잊지 않고 기억해 주고, 이야기를 들어주며, 함께 고민해 주는 것에 대해 고마움을 느낄 것이고, 그 사람을 같은 편으로 생각하게 될 것이다.

이와 같이 상대방의 이야기를 들어주고, 그들의 어려움을 함께 고민하는 과정을 통해 형성된 공감은 인적 네트워크 형성의 중요한 원리로 작동하게 된다. 공감을 통해 같은 편으로 인식하게 되고, 상대방 말을 더 신뢰하게 되는 것이다.

자녀와의 대화만큼 어려운 일은 없는 것 같다. 특히 사춘기에 접어 든 중학생 자녀와의 대화는 세상 어떤 일보다 어렵다. 초등학생 때는 곧잘 부모와 이야기를 하던 아이들이 중학생이 되면서부터는 확 달라진다. 질문에 대한 답변 외에는 이야기를 잘하지도 않을 뿐더러 질문에 "왜?", "뭐?", "아니!", "몰라!" 등 단답형으로 대답한다. 대화는 고사하고 뭘 물어봐도 속 시원히 대답하지 않는다.

아이들이 부모와 대화를 하려고 하지 않는 이유는 대화할 '거리'가 없어서다. 공통 관심사가 없는데 할 이야기가 얼마나 있겠는가? 혹자는 학교생활, 친구 관계 등에 대해 충분히 이야기를 할 수 있지 않느냐고 말한다. 아이들 입장에서 생각해 보면 친구 이름도 모르는 부모에게 친구에 대해서 일일이 설명하면서 이야기하는 것이 달갑지 않을 것이다. 물론 자녀의 친구 이름을 알고 있는 부모도 많다. 그러나 친구 모두의 이름을 아는 부모는 거의 없다. 또한, 항상 결론이 공부로 귀결되는 학교생활에 대해 이야기하는 것 역시 마음이 편하지 않다. 심지어 아이들은 부모들이 자신이 하고 싶은 일이 무엇인지에 대해서 관심도 없고 자기편도 아니라고 생각한다. 반면에 대부분의 부모는 자녀 입장에 서서, 자녀 편에서 대화를 한다고 생각한다. 부모와 자녀가 서로 다른 생각을 하고 있는데 대화가 될 리 없다.

　여러분은 중·고등학생이 좋아하는 게임, 게임 내 캐릭터, 걸 그룹, 보이 그룹, 애니메이션 등에 대해 얼마나 알고 있는가? 아이들은 자신이 좋아하는 게임, 애니메이션, 연예인 등에 대해 물어보면 대답을 곧잘 한다. 필자의 중학생 아들도 자기가 좋아하는 게임과 관련해서 물어보면 기본적으로 '세 마디' 이상 대답을 한다. 가끔은 아주 길게 1분 정도 이야기하기도 한다. 반면에 학교생활은 어떤지, 친구들과 무엇을 하고 지냈는지 등에 대해 물어보면 간단히 한 마디 정도를 한다. "몰라!", "그냥!"이 전부다.

　아이들과 원활한 대화를 하기 위해서는 대화거리, 즉 공통의 관심사를 가지고 있어야 한다. 게임, 연예인 등 아이들의 최근 관심사를 파악하고 그것을 기반으로 풀어나가야 대화가 가능해진다. '최근 게임 중 인기 있는 캐릭터는 무엇인지?', '자주 사용하는 캐릭터의 특성은 무엇인지?', '자주 보는 애니메이션에 등장하는 캐릭터의 장단점은 무엇인지?' 등과 같이 아이들이 관심을 갖고 있거나 또는 공감할 수 있는 주제에 대해 이야기를 하면 아이들은 흥미를 갖고 대화에 참여를 하게 된다.

　결론적으로 공감을 이루기 위해서는 아이들 입장에서 생각하고 아이들 행동을 이해하려고 노력해야 한다. 많은 부모가 자녀 입장에서 생각하고 이야기를 한다고 하지만, 실제로는 그렇지 않다. 단지 자녀 입장에서 이야기를 듣는 척 할 뿐인 것이다. ‘왜 아이가 저런 이야기를 할까?’, ‘왜 저런 행동을 할까?’ 등 아이들의 관점에서 생각해야 한다. 물론, 아이들 입장에서 생각한다는 것이 쉬운 일은 아니다. 끊임없이 노력해야 한다. 아이들이 바지통을 줄여 입으려고 하는 이유가 ‘다리가 길어 보이기 위해서’라는 점을 이해할 때까지 노력해야 한다.

아이들이 전혀 관심을 갖지 않는 내용으로는 아이들과 공감을 이룰 수 없다. 부모와 자녀 간에 공감이 형성되지 않으면 대화가 이루어지지 않는다. 자녀들이 관심을 가지는 사항에 대한 이야기를 할 수 없다면 차라리 여러분 자신의 이야기를 하는 것이 더 낫다. “오늘 어떤 일이 있었는데 정말 짜증난다”, “○○○ 때문에 힘들다” 등을 이야기하면 자녀는 부모도 자기와 똑같은 고민을 하고 있으며, 자기에게 도움을 요청하는 것으로 느끼고 대화에 참여하게 된다.

이와 같이 아이들 관심사를 파악하고, 아이들 입장에서 무엇이 고민인지, 어떤 어려움이 있는지 이해하려고 노력하면 자연스럽게 공감이 형성되고, 훨씬 더 서로를 이해할 수 있게 된다. 오늘부터 당장 공감 도구를 활용해서 자녀들의 고민이 무엇인지 파악하려고 노력해 보자.

경쟁이 치열해지고 미래가 불확실해지면서 더더욱 자신을 차별화시키기 위해서는 자신이 어떤 사람인지, 자신이 어떤 가치를 지니고 있는지, 남들과 어떻게 다른지 등에 대해 자신 있게 말할 수 있어야 한다. 자신의 가치를 증명하기 위해서 흔히 말하는 스펙을 쌓으라는 말은 아니다. 스펙도 중요하지만 더욱 중요한 것은 상대방의 공감 여부이다. 상대방이 공감할 수 있는 가치를 보여주는 것이 더 중요하다. 공감 여부와는 상관없이 스펙만 보여주는 것은 시력이 좋지 않은 사람에게 필요하지 않은 도수 없는 선글라스에 대해 기술이 집약된 상품이라고 열심히 설명하는 것과 다를 바 없다.

상품, 서비스도 소비자가 공감해야 판매가 되는 것처럼 자신에 대해 소개할 때, 상대방이 공감할 수 있도록 해야 한다. 다시 말해 소개를 듣는 상대방이 공감할 수 있도록 자신이 상대에게 얼마나 가치 있는 사람인지, 상대를 위해 무엇을 해줄 수 있는지 등을 이야기할 수 있어야 한다.

자기소개서를 작성할 때도 마찬가지다. 자기소개서도 서류 심사위원 또는 면접위원이 공감할 수 있도록 작성해야 한다. 그들이 검토해야 하는 자기소개서만도 수천 부에 이를 것이다. 공감되지 않는 내용은 거들떠보지도 않게 된다. 서류 심사를 하는 면접위원 등 자기소개서와 관련된 전문가들의 이야기를 들어보면, 공통적으로 자기소개서도 읽는 사람이 공감할 수 있어야 한다고 말한다. 자기소개서를 보는 사람이 공감할 수 있어야 설득이 된다는 것이다.

자기소개서란 결국 자기라는 상품을 면접위원이라는 소비자에게 판매하는 것과 다를 바 없다. 예를 들어 TV를 판매한다고 가정해 보자. 어떻게 판매할 것인가? 먼저 소비자가 어떤 종류의 TV를 원하는지 확인해야 한다. 안방에서 볼 TV를 구매하려는 소비자에게 거실에나 설치할 수 있는 대형 TV를 권유해서는 안 된다. 소비자가 원하는 TV 사양을 알았으면 TV의 어떤 점이 좋은지, 다른 제품과 어떤 차이가 나는지에 대해 설명해야 한다. TV에 대해 설명할 때 단순히 안방에 놓고 보기에 딱 적당한 크기다, 화질이 깨끗하다 정도의 설명을 해서는 판매가 되지 않는다. '화질이 깨끗해서 연예인들 얼굴의 잡티가 보인다', '베젤을 최소화해서 시야가 편하다', '주사율이 높다' 등 화질이 좋을 수밖에 없는 여러 근거를 들어가면서 설명해야 한다.

이와 마찬가지로 자기소개서를 작성할 때는 먼저, 기업에서 필요로 하는 것이 무엇인지, 즉 어떤 사람을 원하는지 파악해야 한다. 기업에 대한 이해가 되면, 다음으로 자신이 얼마나 기업이 원하는 인재상에 부합되는 사람인지, 또 기업에 어떤 가치를 줄 수 있는지 명확히 알려야 한다. 자신에 대해 알릴 때는 그동안 준비해온 봉사 활동, 동아리 활동, 영어 점수, 인턴 경험 등의 준비 사항을 단순히 나열해서는 안 된다. 해결 방안을 만들 때 아이디어에 사용 가치 등을 더해 컨셉을 구체화하는 것처럼, 철저한 준비를 통해 기업에서 필요로 하는 특정 역량을 향상시켰고, 경험을 통해 자신을 발전시켜 어떤 가치를 제공해 줄 수 있는지, 어떻게 도움이 될 수 있는지 등을 전달해야 공감을 이끌어 낼 수 있다.

지금부터 7가지 공감 도구를 활용해서 기업이 원하는 인재상을 파악하고 자신이 어떤 가치를 제공해 줄 수 있는지 등에 대해서 글을 작성하는 연습을 해보자. 꾸준한 연습만이 자신을 바꿀 수 있다.

공감은 상품, 서비스 개발 및 판매에서만 작동하는 성공 원리가 아니다. 관계 형성의 기본 원리이며, 디자인 씽킹의 원리이자 혁신의 근간이다.

혁신은 사람들이 받아들이고 사용했을 때 완성된다. 기술적으로 전에 없던 새로운 기술이라고 할지라도, 새로운 기술이 적용된 새로운 상품이라고 할지라도 소비자가 공감하지 못하면 혁신이라고 할 수 없다. 결국 사람이 해결하고자 하는 진짜 문제를 해결해 줄 수 있을 때 혁신이라고 할 수 있는 것이다.

공감은 사람과의 관계 형성에서 중요한 역할을 한다. 상대방의 안부를 묻고, 이야기를 들어주며, 그들의 어려움을 같이 고민해 주는 것만으로도 쉽게 끊어지지 않는 인적 네트워크를 형성할 수 있다. 또한 공감은 자녀와의 관계에서도 주요하게 작동을 한다. 아이들의 주요 관심사를 파악하고, 관심사를 기반으로 대화를 풀어나가면 아이들도 적극적으로 대화에 참여하게 된다. 오늘부터 당장 공감 도구를 활용해서 자녀들을 이해하려고 노력해 보자.

경쟁이 치열해지면서 상대방이 공감할 수 있는 가치를 보여주는 것이 더욱 중요해지고 있다. 따라서 자기소개서는 공감할 수 있는 내용으로 작성해야 한다. 자신이 얼마나 기업에 적합한 사람이며, 기업에 어떤 가치를 제공해 줄 수 있는지, 어떤 문제를 해결할 수 있는지 등을 보여주어야 면접위원을 설득할 수 있다는 사실을 기억하기 바란다.

글을 쓰고 있는 동안, 말도 잘 안 듣고 무던히도 속을 썩이던 중학생 아들 녀석이 많이 달라졌다. 뭘 물어봐도 대답을 잘하지 않던 녀석이 이제는 곧잘 대답을 한다. 가끔, 아주 가끔은 먼저 말을 걸어오기도 한다. 최근에는 시험 기간이라 공부라는 것을 해보기 위해서 독서실이라는 곳을 가겠다고 하니 놀라울 정도로 달라진 것이 틀림없다. 불과 얼마 전까지만 해도 공부 이야기, 심지어 학교 이야기만 해도 짜증을 내고 대답도 하지 않던 녀석이 말이다.

세 마디로 끝나는 둘째 녀석의 답변을 늘려보기 위해 지난 1년 동안 많은 노력을 했던 것 같다. 좋아하는 걸 그룹이 누군지 파악하고, 걸 그룹이 나오는 TV 프로그램에 대해 미리 알려주고 같이 보면서 이야기를 하고, 케이블 TV의 힙합 경연 프로그램을 함께 보기도 하는 등 아이와 공감을 이루기 위해 다양한 시도를 했다. 무엇보다도 공부와 관련된 이야기는 일절 하지 않으려고 노력했다. 물론 공부와 관련된 이야기를 완전히 차단하지 못했고, 그럴 때마다 아이와 부딪치기도 했다.

그 무엇보다 중요했던 것은 아이와 공감을 이루기 위한 노력이었다. 아이의 말에 귀를 기울이고, 아이의 입장에서 행동을 이해하며, 아이와 같은 관심사를 갖기 위해 노력하는 모습을 보여줌으로써 아이에게 항상 같은 편이라는 신뢰를 주게 된 것이 아이의 행동 변화를 이끌어 낸 이유다. 아직 갈 길이 멀었지만, 아이와 대화를 할 수 있다는 것만으로도 변화를 위한 좋은 출발을 했다고 볼 수 있다.

공감은 많은 것을 변화시킬 수 있는 힘을 갖고 있다. 공감을 통해 자녀와의 관계를 변화시킬 수도 있고, 좋은 인적 네트워크를 형성할 수도 있다. 무엇보다도 공감은 혁신을 이끌어 낼 수 있는 힘을 가지고 있다. 사람들이 거들떠보지도 않던 상품, 서비스를 공감을 통해 혁신적 상품, 서비스로 바꿀 수 있으며, 사람들이 느끼는 불편, 어려움 등을 해결하는 해결 방안을 제공해서 새로운 변화, 즉 혁신을 가져올 수도 있다.

공감 프로세스와 공감 도구를 잘 활용하여 사람들을 명확히 이해하고, 그들이 해결하고자 하는 진짜 문제를 찾아서 최적의 해결 방안을 제공할 수 있다면, 누구나 성공한 상품이나 서비스 기획자, 성공한 혁신가, 성공한 사업가, 좋은 부모가 될 수 있다.

다음의 공감 프로세스 및 공감 도구를 충분히 숙지하고 잘 활용하여 세상을 변화시킬 수 있는 힘을 가지길 바란다. 활용을 위하여 공감 프로세스, 공감 도구 및 구체적 방법을 일목요연하게 테이블로 정리하였다.

[공감 프로세스 및 공감 도구]

공감 Process	사람 이해하기		
공감 도구	관찰하기	경험하기	질문하기

방법	• 관찰 프레임
	  - 5W1H
	  - AEIOU
	  - POEMS
	
	• 관찰 포인트_POBS
	  - 반복되는 행동
	  - 다른 용도로 사용하는 것
	  - 행동을 방해하는 것
	
	• 관찰방법
	  - 기록/사진 촬영
	  - 집중
	  - Look & Listen
	  - Zoom in/out
		• 고객 되어보기
		(Be the customer)
		
		• 그림자놀이
		(Shadowing)
			• 질문지 만들기
			
			• 올바른 질문하기
			  - 친구되기
			  - 먼저 듣기
			  - 제 3외국어에 익숙해지기
			  - 답 유도하지않기
			  - 경험을 확인하기
			
			• 극단의 사용자

공감 Process	문제 파악하기	
공감 도구	분석하기	융합하기

방법	• 행동 패턴 파악
	  - 습관적 행동
	  - 행동유도장치
	
	• 사회/문화 코드
	
	• Why Questioning
	
	• Critical point
	  (임계점) 파악하기
	
	• 군집형성(Clustering)
		• Unmet Needs 찾기
		
		• Framework
		  - 2 x 2
		  - User Journey
		  - Positioning

공감 Process	해결책 만들기	
공감 도구	창의적 아이디어	컨셉

방법	• 창의적 생각하기
	  - 낯설게 하기
	  - 다르게 생각하기
	  - 질문하기
	  - 말랑말랑해지기
	  - 연결하기
	  - 미리 준비하기
	
	• 환경조성하기
	
	• 아이디어 방법
	  - 브레인 스토밍
	  - 브레인 라이팅
	  - 스캠퍼
	  - 랜덤 링크
		• Idea Grouping
		
		• 컨셉 보드
		
		• 프로토타입
		
		• 컨셉 이터레이션
		  - 검증/수정하기